云南乡土文化读本系列

主　　编　张昌山

副 主 编　周学斌　陈　榕

编　　委　万永林　周永坤

　　　　　段炳昌　戴世平

顾　　问　木　芹　张文勋　张瑞才

总 策 划　木霁弘　郑卫东

总 撰 稿　木霁弘　张昌山

撰　　稿　周重林　杨海朝　周平凯

　　　　　凌文峰　彭丽丽　张　楠

　　　　　赵梓羽　杨静茜　刘文娟

统　　筹　李　维

装帧设计　古道装帧

学术支持　云南大学

项目执行　云南大学茶马古道文化研究中心

弥渡读本

云南乡土文化读本系列

邹子卿　沙伟风　主编

云南大学出版社

《弥渡读本》编纂委员会

主　编　　邹子卿　沙伟风

编　委　　李郁华　李永平　石　雄　李正能　李光美

　　　　　谭利强　段冬梅　蔡云丽　白成瑾　赵文仙

撰　稿　　木霁弘　周平凯

统　筹　　李　维

校　稿　　白成瑾　赵文仙　李武华　张　昭

题　签　　赵浩如

摄　影　　白成瑾　李　敏　李武华　张　昭　陈玉明

　　　　　曹国忠　刘建明

装帧设计　钏祚伟　李　蕾

敬　告

本书所引部分图片，因种种原因无法联系作者，请相关权益人见书后，与云南省弥渡县委宣传部联系

弥渡县在云南省的位置示意图

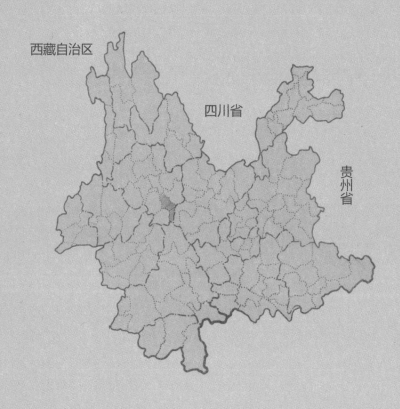

西藏自治区

四川省

贵州省

弥渡县行政区划图

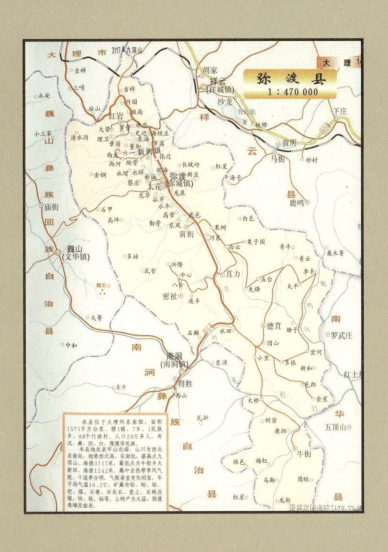

丛书总序

张昌山

进入新世纪，中国遭遇着文化焦虑和社会现实诸多问题的困扰。还在20世纪之时，人们沉浸在理性普及和世界大一统的乐观情绪之中。21世纪到来后，进一步的全球化虽然给了中国一个开放的、不可逆转的市场经济体制，可是单纯的经济诉求难以包容十几亿人口的所有需求。

市场经济将无数人规整到金钱的利益链条之中，求富成为许多人唯一的追求，从族群精神遗产的角度来看，文化认同的空心化倾向已日益明显。我们应当看到，文化中国的内涵如今越来越空洞化，这种状况发展下去必将造成文化纽带的断裂，这意味着将来或许会产生远比经济诉求更为剧烈的社会冲突和伦理危机。文化的中国，承载着历史，承担着未来。在经济全球化和文化全球化的浪潮下，每时每刻都有许多地方性传统文化被挤压成碎片甚至丢失。

这种全球化主义和地域性冲突的激化，使得中国现代化进程障碍重重便不足为奇。高速发展的经济使本土文化分崩离析，而舶来的欧美文化与本土文化的嫁接又长不成参天大树，一旦遭受经济危机的重创，那些瘦弱的经济体在高速升空的过程中便成了无本之木、无源之水。无根的文化漂泊无依，现代化进程受阻无疑。西方现代性让许多人掉进了思想的陷阱，这种吊诡的出现，不仅仅是观念本身的问题，而是观念与现实之间的关系。

西方现代知识体系具有明确的现实指向，其在为西方现代性自我认同提供想象基础的同时，也为西方殖民扩张提供了有效的意识形态。

的确，中国作为唯一存续的四大文明古国之一，体现的是"多元一体"的格局。多元就是政治、经济、文化、地理、民族的多样，而一体则是统一在文化中国整体性中。文化中国对地方性取向具有包容性，而普适性的话语则是靠多元的文化支撑。多元的支撑，则是由一体的大文化显现辉煌，而这种大文化又体现整个中华民族的凝聚力和向心力。由于这种既有多元，又是一体的大文化特征，故而中国历史在生态、政治、文化和技术诸方面对现代世界体系作出了不少的贡献。

从20世纪开始，中国逐步融入世界的进程，中国的知识精英们就在用一种激进的思维模式全盘接受欧美的现代化发展之路，他们认为应最大限度地抛弃传统，全盘西化被看做是中国进步和世界大一统的唯一途径。这样一来，中国文化的多元性及其生命力遭受到前所未有的重大打击。

1949年之后，经过激烈的社会大变革，那些作为传承传统文化的核心群体、士绅阶层、乡土宗族、旧学乡教等多被抛弃乃至打碎，传统文化的传承由国家承担。经历了改革开放，市场经济的自由交换环境开始形成，人们对世界文化和自己的传统文化重又开始冷静、客观的思考，传统文化的重构似乎有了新的机遇。可是，"全球化"、"求富欲"、"发展经济"的力量让传统文化更加边缘化，而文化也成了经济的"口红"。由此，地方知识则成为与全球化、工业化、现代化格格不入的传统文化，甚至成了保守、专制、落后的文化。文化中国绵延五千年的内在精神力量被忽视和遮蔽，"发展经济"成了维系社会的唯一纽带。"经济"将传统文化装入难以开启的铁盒，文化认同陷入深深的危机之中。

如何获得已然丢失的地方知识，如何重构我们的文化，关系到中国学术未来的取向和中国传统文化的生命延续。我们已经注意到，现代中国学术视野多是从现代西学的"眼睛"里获得的，而对西学的"古典性"我们尚缺乏深入细致的理解。"古典"、"传统"辉耀着今世。我们不但要有开创的心愿和意气，同样也要对"古典"和"传统"深入领会，打通过去、现在和未来。我们应该重读自己的传统经典，让自身心胸坦荡，心底踏实。

在中国历史上，传统文化的推崇农业、尊师重教、讲求礼仪、勤俭节约等价值观和道德规范有效地组织了社会秩序并推动了社会的发展。文化、知识、审美在社会各阶层的生活中发挥着良性作用。例如科举制度虽有很多弊端，但因为可以借助它实现不同阶层的自由流动，精英阶层与草根阶层之间并非截然不可流通，因此，国家层面的行为与大众层面的行为乃是一种连续性的整体。但是，在如今的全民逐利并且逐渐成为普遍的社会潮流之下，资本作为最具强势的力量和单一的价值观念，以其趋利本性，或许会将这个时代改写为一个没有思想、没有精神、没有审美、没有文化，而只有物欲的时代。文化断裂似乎势所必然。国家与精英高度相关，大众与草根高度相关，两者判然有别，大众与草根只是因为具有承担劳动力与消费者角色而具有意义。

由此，社会大众和草根阶层的日常生活所体现和传承的文化传统成了地方知识重要的形态和组成部分。当然，地方知识还包括那些类官方知识和传统知识。应该说，地方知识系统反映了地方的经济水平、科技成就、价值观念、宗教信仰、文化修养、艺术水平、社会风俗、生活方式、社会行为准则等诸多方面，表现出地域性、原生性、实践性等特点。从根本上讲，地方知识既不应自卑，当然也不能自大，而应自觉地生长。

孟德斯鸠曾进行过深刻的自我反省："如果我知道一样东西对我有好处，但对我的家庭有害处，我会把它从心中驱逐出去。如果我知道一样东西对我的家庭有好处，但对我的国家不利，我会试着去忘掉它。如果我知道一样东西对我的国家有好处，但对欧洲有害处，或者说对欧洲有好处但对整个人类不利，我会将它视为罪恶。" 地方知识与文化的重构，是中国文化发展链条中的重要一环，它是"历时"的，也是"共时"的，把"古"与"今"、"地域"与"世界"互连，它超越了后殖民主义文化，是中国文化发展与文明崛起的一个标识。

中华文化多元一体的格局是在长期的历史发展中形成的，这是一条奔流不止的大江大河。多元是无数的涓涓细流，而一体是由这些细流汇集而成主流的；支脉与主脉相互调适，互为依存，在变与不变的发展中向前奔腾。如今中国已经成为世界第二大经济体，怎样维系族群记忆，保持身份认同，塑造民族的精神信仰，让文化中国的旗帜飘扬，这是当今中国文化重构所要思考的。地方性知识作为全球化的一种传统文化，是一个民族遗传基因的符号表示。我们作为中国社会当今发展的参与者和见证者，我们应当重构一个全球化语境下的地方性知识。《云南乡土文化读本系列》的推出，就是填充中华民族多元一体文化版图的一种努力与尝试。

遗憾的是，我们今天还没有多少精神层面的世界性贡献，这不仅有负于中国当前的国际地位，也有负于传统中国文化曾经产生的影响及其给予当代中国人的营养。如何解决这一问题，已经有嫁接中西文化等多种思考和努力，可惜没有充分认识到并尊重中西文化不同的个性，其理据似乎值得怀疑。与他们略有不同，在西方的思想、制度、科学、技术成为当前世界性主导也成为中国标准的情况下，我们的策略是把目光投在维系几千年的中国社会有效运转，且具体表现为地方性知识的民间及其文化上。

地方性知识作为全球化的一种传统文化，是一个民族的遗传基因的符号表示。当一个社会彻底崩溃的时候，最后被改变的一定是作为社会大众和草根阶层的日常生活形式的乡土文化。乡土文化是中华文化一个最基层的文化因子，其重要性不言而喻。如果没有这些乡土文化，那么博大精深的中华文化就失去了根基，也就难以为继。

所以，挖掘、整理、重现和传承乡土文化，显示的是一种文化自觉，展现的是现代思潮中的一种文化乡愁，表现的是一种传统文化的区域性叙事中存在的精神感召力，树立的是地方性及传统文化的大旗。

一方面，云南独得山水地利之便，自古就有独特的文化。由于地理环境的影响，以及民族的交融迁徙，使得云南文化没有凝固成一个巨大的板块，交流往往呈现个体性和分散性，终究没有汇成巨流，因而云南的文化特征给人的印象只是一种横断的共时感，而不是从上到下的历时感。换句话说，云南文化似乎没有根。这当然不能让人完全同意。远在战国时期，云南就有着光辉灿烂的青铜文化，它和当时中原的青铜文化相比也毫不逊色。今天我们从发掘出来的青铜器物上还可看出它们昔日的光彩。确实，云南文化过去的荣耀已被历史掩埋，我们现在所能见到的只不过是云南文化间歇性波峰上的几个亮点。其实这些亮点对于我们来说已经足够了。这种间歇文化的斑点至少给我们透露或者说留下了一些古朴的精神气质和独特的文化气息。

另一方面，云南有26个世居民族，由于历史的原因，他们的社会审美意识各有不同，他们的原始观念、心理结构也都没有停留在一个基点上。要打破地理环境的束缚，他们必须同中原先进文化进行交流，并吸收东南亚的文化。由于长期处于华夏文化和印度文化的接触区域，承担了很多过境传递者的工作，于是乎就难以凸显他们自身的文化，使得整个云南文化又显示出一种杂糅的特征。但是，人类文明的历史表明，多样性乃人类幸福之源。我们必须看到，云南以往的文化对现代云南文化的影响，表现的是一种潜意识的"云南精神"，其民族特色和文化精髓大概就在于敬畏自然之道，享受平凡之美，承认和尊重他人的文化、风俗、生活具有和自己一样的合理性，或者说就是"各美其美，美人所美，美美与共，天下大同"（费孝通语）。

这是云南文化的优势所在，虽然它在过去没有成为我们的优势，但在将来必会成为一种优势。因为主导现代世界发展趋势的科技社会和城市生活所暴露出来的欧美式的种种文化痼疾，正是云南各民族的文化传统所极力否定和避免的倾向。然而，我们必须同时清楚地认识到，一方面，这一未来优势是长期的社会经济和科技文化发展滞后的结果，而不是有意识的努力追求得到的成绩；另一方面，云南文化甚至是中国文化明显不如欧美文化那样尊重能够最大限度地促进社会发展和文化更新的新知识与新技能的创造、积累与传承，因此，如何发挥云南文化的价值并培养新的文化精神，将是今后的难题。对此，和以往的历史文化家们不同的是，我们并不追求构建一个云南文化的价值标准，我们只是力图开辟一条富有客观和现实意义的大众文化之路。

如今，云南的上述优势已经开始逐渐显现出来，但如何利用这一优势，仍是一个大问题，需要更艰巨的实践和探索。鉴往知来，只有顺势而为，同时努力挽救、保护、整理与普及云南文化；只有在尽可能多地了解其他民族和地区的发展历程的基础上，择其善者而从之，其不善者而改之。探求云南以往的文化脉络，通过富有成效的追寻，才能创造出仡立于中国乃至世界文化之林的云南乡土文化。

在全球化多元文化共生的环境中思考中国地方知识与文化重构，不仅要高扬多元共处、多极均衡、和谐发展的理想，也要看到多元文化主义背后的西方现代文化一元主义的强势冲击，焕发我们个性的地方性知识，以图文化重构，使中华文化更具有创造力。我们不是一味地要在"地方知识与文化重构"中寻找所谓的资源与灵感，搭建一个凭自己高兴的"梦幻的东方中心主义"，而是以此为新的开端，通过从"实际"入手，回归本真，让我们的文化有一个站立的基点，从而寻找到一个超越的、普世的文化立场。

也许这一"读本系列"只能初步勾勒出云南文化的一幅基本图像，但这项工作将是普及云南文化从而让许多人重新认识云南、认识自己、认识传统的重要一步。我们希望它和像它这样的更多的"读本"成为和世界对话的文本和桥梁。

你对自己文化的认识有多深，那你看未来文化的发展也就有多远。

序 言

邹子卿　沙伟风

"到了弥渡，不想媳妇。到了红岩，不想回来。"这句不知已流传了多少年的谜一样的话语，让我们今人无法揣测当初先人们说这句话时的真正含义，但有一点可以肯定的是，这句谚语是对弥渡的一种极高赞誉与讴歌，饱含着对弥渡的一片深情。

当今天的弥渡在新的世纪里，扬帆起航、劈波斩浪前进时，这句古老的谚语依然焕发着一种无与伦比的魅力，又有了新的时代内涵。

内涵一：宜人气候，人居乐土。弥渡地处云南高原西部的大理白族自治州东南部，是红河的发源之地，最高海拔3117.9米，最低海拔1223米。属中亚热带季风气候区，冬无严寒，夏无酷暑，常年气候温和，年平均气温16.2℃，年降雨量824.4毫米。"天气浑如三月里，风花不断四时春"，是对弥渡气候的生动写照。大自然的厚爱与恩赐，使得弥渡成为一处最适合人类居住的沃土。

内涵二：名山胜水，物我两忘。弥渡境内，地势自西北向东南呈狭长地形，西北高，东南低，有着构造剥蚀山地、切割中山峡谷山地、溶蚀中山峡谷山块、山间断陷盆地四大类型的独特地质地貌。这种独特的地理环境，再加上宜人的气候条件，使得弥渡取天地之精华，钟灵毓秀，秀丽多姿，风韵无限。天生桥、牛街、天生营、谷女寺、太极顶、花鱼洞、五台山等众多名山胜水，无不令人惊叹连连，流连忘返。

内涵三：历史悠久，人才辈出。弥渡不仅有着秀美的旖旎风光，而且有着悠久的历史。境内苴力营盘山出土的新石器遗存以及三岔路、青石湾出土的战国铜鼓表明，早在新石器时代，就有先民在这块沃土上繁衍生息。今天位于红岩镇西北两公里处的白崖古城遗址说明，早在2000多年前的战国时期，弥渡就是白子古国的政治、经济、文化中心，白崖城一直是白子古国的都城所在地。而根据史料记载，弥渡作为中华版图上的一个行政设置，自汉武帝时期就开始了所谓"白国故地，西汉旧郡"。据载，元朝弥渡人苏隆为大理地区科考中最早的进士。据不完全统计，明清两代，这里就诞生了26位进士，148位举人，走出了以谷际岐、师范、李彪为代表的一大批文化名人。清乾隆年间，云南六次科举考试中，全省一、二名的解、亚元举人，均属弥渡，这就是弥渡人引以为傲的"六科六解亚"。

内涵四：物产丰饶，鱼米之乡。弥渡土地肥沃，气候温和，日照、雨水充足，霜期短。宜人的气候、优越的地理环境使得弥渡物产极为丰富。在古代，弥渡就有"滇西粮仓"之美誉。弥渡小吃大名鼎鼎，蜚声云南内外。如弥渡酸腌菜，在弥渡这块神奇的土地酝酿下，与贵州茅台酒一样，成了一种不可复制的资源，味道醇厚，口感绝佳，令人回味无穷，如今，已走进了沃尔玛和家乐福等多家大型现代超市。弥渡卷蹄有着悠久的历史，起源于明代，在清代传进宫中，被列为宫廷名菜，几百年来，一直久负盛名。如今，弥渡是全国菜篮子产品生产先进县，是农业部实施淡季蔬菜开发、南菜北运的基地县之一，是云南省商品蔬菜基地县，有着"无公害蔬菜之乡"、"水果之乡"、"鱼米之乡"等众多美誉。

内涵五：灯俏歌美，风情无限。"十个弥渡人，九个会唱灯。"几乎在弥渡的各个角落，都有花灯的身影。每年正月十五的传统密祉灯会，盛况空前，万人空巷，历久不衰，至今仍存。2008年1月24日，弥渡花灯被列入第二批国家级非物质文化遗产名录，代表作有《十大姐》、《绣荷包》、《双采花》、《采茶调》、《拜年调》等。弥渡，也被誉为"花灯之乡"。弥渡民歌，经过弥渡绵长历史的沉淀，灵山胜水的浸润，悠悠茶马古道的升华，在深邃的时间隧道里，形成了她独特的风格与品质。《放羊调》、《送郎调》、《赶马调》、《月亮出来亮汪汪》、《郎骑白马白汗衫》等民歌小调，旋律优美、委婉缠绵，至今延唱不衰。透过那低回悠长的旋律，茶马古道上的那份依依惜别、翘首苦盼、焦灼等待，从模糊走向清晰，从清晰走向旷远，从旷远走向永恒。2010 年，"弥渡民歌"入选第三批国家级非物质文化遗产名录。从弥渡民歌中孕育出来的《小河淌水》，在中国可以说家喻户晓。1953 年，年仅 26 岁的黄虹在北京的一次全国文艺演出中唱响它后，这首歌就传遍中华大地的每一个角落，被冠以"东方小夜曲"的美名，获得了无数的荣誉，至今为止，依然是唯一被美国音乐学院编入音乐教材的中国民歌。《小河淌水》以其舒缓的旋律、优美的意境、感伤的基调，俘获了无数人的心，被许许多多的中外歌唱家用各种唱法加以诠释，现在，已成为钢琴、小提琴、古筝、二胡、葫芦丝等器乐演奏的名曲。2008 年北京奥运会闭幕式上的那首《今夜月明》，就有《小河淌水》的旋律。

内涵六：和睦安宁，热情好客。在弥渡这块沃土上，生活着汉、彝、白、回、傈僳、纳西、哈尼、拉祜、苗、布依等 22 个民族。这些民族，千百年来，秉承着一种兼容并包、睦邻友好的精神，一直和谐相处，过着一种宁静安详的生活。而这种宁静安详的生活又孕育出了弥渡人一种温柔敦厚、热情好客的秉性。弥渡人遇事总是为他人着想，即便是陌生人，也总愿意提供帮助，为朋友可以赴汤蹈火，对弱者、贫者总是乐施好济，不太计较自己的得失，更不会想着去算计别人。不管是对迁来这里定居的居民，还是茶马古道上过往的陌生人，弥渡人都采取了一种包容、欢迎、热情的态度。在朋友或客人面前，弥渡人总是拿出家里最好吃的、最好用的供人享用，让人丝毫不觉得这是在他乡作客，而是在自己家里。当人产生一种宾至如归的感觉时，试问还有谁会想着家呢？

今天的弥渡，交通便利，国道 214 线、320 线交汇境内，广大铁路、昆瑞高速公路和祥临高速公路穿境而过，是内陆通往东南亚的重要干线和滇西的交通枢纽。穿过三千多年历史的烟云，弥渡在新的世纪里，载着"民歌之乡"、"花灯之乡"和"全国菜篮子产品生产先进县"、"云南省商品蔬菜基地县"的美誉，走出云南，迈向世界，奔向美好的明天！

《弥渡读本》从历史、山水、风物、风情、人文等方面，集中展现出了弥渡的悠久历史、名山胜水、荟萃人文以及浓郁的民族风情，并以图文并茂的形式，淋漓尽致地挖掘出了"到了弥渡，不想媳妇。到了红岩不想回来。"这句古老谚语的深刻内涵，呈现出了弥渡的深厚文化底蕴，是一本不可多得的切合弥渡县情的书。

借此书即将付梓之际，说上几句，是为序。

目 录

历史篇 尘匣新开处

弥 渡   2

彩云桥   14

白崖古城   20

南诏铁柱   28

文盛古街   41

李文学   47

风景篇 相看两不厌

天生桥   62

谷女寺   73

花鱼洞   79

太极顶   83

五台山   88

永增玉皇阁   91

1

人物篇　仁秀灵风拂

弥渡风流　　　　　　　　　　　96
师　范　　　　　　　　　　　103
谷际岐　　　　　　　　　　　110
李　彪　　　　　　　　　　　116
周秀岐　　　　　　　　　　　122
李　桐　　　　　　　　　　　126

风物篇　灯俏歌亦美

弥渡花灯　　　　　　　　　　132
弥渡民歌　　　　　　　　　　142
小河淌水　　　　　　　　　　152
弥渡小吃　　　　　　　　　　158

古诗文里的弥渡

古　诗　　　　　　　　　　　166
古　文　　　　　　　　　　　175
碑　记　　　　　　　　　　　187

参考文献　　　　　　　　　**197**
后　记　　　　　　　　　　**198**

标说全滇

历史篇
尘匣新开处

春日白崖道中

（元）段福

烟雨濛濛野水昏，苍茫四合动阴云。
青归柳岸添春色，碧水山花破晓痕。
百里人家殊杳杳，十年戎马尚纷纷。
诗成更怕东风起，添得吾曹老一分。

【作者简介】段福：字仁表，宋末大理国君段兴智之叔。元初，随元大将兀良合台征服云南，并带军征交趾，长于诗文，著有《征行集》等，今仅传两首于世。

【注释】

白崖：即今弥渡红岩镇，古白子国的都城，今白崖古城遗址尚存。

十年戎马：诗人于宪宗三年（1253年）元灭大理国后，随兀良合台征战，至此正好十年。

吾曹：我辈。

白崖

（清）司均

六诏咽喉地，群蛮割踞雄。
彩云通汉使，铁柱启南蒙。
戎马当年竞，车书此日同。
昔日白子国，不复有殊风。

【作者简介】司均：昆明人，生卒年代已不可考。曾任赵州学正。

次白崖

（清）吴铭道

苍崖四壁水纵横，两脚抛烟处处耕；
渡口鹃啼诸葛垒，山边虎卧白崖城。
群蛮火急奔监事，旅客星驰觅酒兵；
无数野云冲马首，尚容线路与牛争。

【作者简介】吴铭道：生卒年代不详，字复古，安徽贵池人。康熙五十年（1711年）左右游滇，足迹踏遍滇西、滇南，写下了许多诗作。

昆弥怀古

（清）萧霖

白饭遗墟最建宁，佑那长作蜀藩屏。
群惊丞相真无敌，岂有南人尚不庭。
滚滚泸江消瘴病，森森铁柱镇威灵。
勋名万载谁能似，珍重龟趺背后盟。

【作者简介】萧霖：江都人，生卒年代不详。写这首诗时任大理太和县令。
【注释】
昆弥：这里指今弥渡。古白子国又称昆弥国、建宁国、白国。明代杨慎在其《滇载记》中记载：张氏或称昆弥国，或称白国，或称建宁国，其年系莫可推详。
龙佑那：诸葛平南，立铁柱，改白国为建宁国，并赐龙佑那为张姓，佑那即张龙佑那。
丞相：即诸葛孔明。

【延伸阅读一】

弥渡的前世今生

1953年，一首起源于弥渡的民歌被年仅26岁的歌唱家黄虹在北京的一次全国文艺演出中唱响后，从此就传遍中华大地的每一个角落，并飘向世界，被冠以"东方小夜曲"的美名，获得了无数荣誉。不错，这首民歌就是《小河淌水》。许多人通过《小河淌水》，认知了弥渡。于是，弥渡的荣誉纷至沓来，有了"山歌之乡"、"民歌之乡"、"花灯之乡"等耀眼身份。

但一个问题也随之而来：弥渡，这是一个怎样的神话？从哪里走来？

弥渡，地处云南高原西部的大理白族自治州东南部，是红河发源之地，澜沧江中游经济带的腹带，地势自西北向东南呈狭长地形，西北高，东南低，最高海拔3117.9米，最低海拔1223米，东与祥云、南华接壤，南与景东、南涧毗邻，西靠巍山，北连大理，是"六诏咽喉"之地。常年气候温和，年平均气温16.2℃，冬无严寒，夏无酷暑，"天气浑如三月里，风花不断四时春"，属中亚热带季风气候，光照充足，土壤肥沃，物产丰饶，有"滇西粮仓"和"蔬菜王国"之美誉。

弥渡这一称呼，具体产生的时间已不可考。相传古时候，这里是一片浩瀚的水乡泽国，行者易迷津，故名"迷渡"，为讳水患，清代年间，遂改称弥渡。其实，弥渡的历史十分悠久，境内苴力营盘山出土的新石器遗存，三岔路、青石湾出土的战国铜鼓表明，这里，早在新石器时代，就有先民在这块沃土上繁衍生息，经历了和别地一样"侯王国以十数"、"君长以什数"，部落林立、互不统属的时代。弥渡古名在史书中的记载为"勃弄川"。《蛮书·六睑第五》有"白崖城在勃弄川……川东西二十余里，南北百余里"之记载，说明至少在唐代以前，弥渡就有了自己的行政设置。而根据史料记载，弥渡作为中华版图上的一个行政设置，自西汉武

帝时期就开始了。史家记载，弥渡有"白国故地，西汉旧郡"之称。

公元前109年，汉武帝开发西南夷，故而征服了滇池东面的劳浸、靡莫等部落，在西南地区设置了犍为、牂牁、越巂、益州4郡，弥渡地方属益州郡云南县地。东汉王朝继承和发展了西汉在西南夷的郡县设置，除保持这4郡外，另把益州郡中6个县（不韦、巂唐、比苏、叶榆、邪龙、云南）划分出来，加上新设的哀牢、博南两县，设置永昌郡（相当于今之滇西地区），弥渡地方属永昌郡云南县地。

公元214年，蜀汉刘备称帝益州。公元225年，诸葛亮兵分三路南征，平定了南中。为了巩固蜀汉政权，诸葛亮把益州郡改为建宁郡，新设云南郡，郡治云南（今祥云云南驿），领"从原益州郡所领县中划出弄栋县（今姚安），从永昌郡所领县中划出叶榆（今大理）、邪龙（今巍山）、云南（今祥云）3县，从越巂郡所领县中划出遂久（今丽江）、姑复（今永胜）、青蛉（今大姚）合7县"。弥渡地方仍属云南郡云南县地。

公元265年，司马炎建立晋王朝，"公元271年，晋王朝把南中四郡（建宁、云南、永昌、兴古）从益州（治地成都）分划出来，设立宁州，使云南地区成为王朝中央直接统辖的一个大行政区……为（全国）十九州之一"。弥渡地方属宁州云南郡云南县地。南北朝272年间，没有新的建置。弥渡地方仍属宁州云南郡云南县地。

隋末唐初，洱海地区有蒙巂等六诏争相崛起。唐开元二十五年（737年），大唐王朝支持皮逻阁及其子阁罗凤统一洱海地区。开元二十六年（738年），皮逻阁为云南王，在唐朝力量的支持下，击灭了石和诏（今凤仪）、石桥诏（今下关）、越析诏（今宾川西部）、邓赕诏、施浪诏（今邓川）、浪穹诏（今洱源地区），建立了南诏。南诏置十睑、七节度、二都督。弥渡地方置勃弄睑，属南诏十睑之一，治地白崖（今弥渡红岩镇）。

公元902年，权臣郑买嗣杀死南诏王隆舜之子舜化贞，夺取了南诏政权，号称"大长和国"，随后开始了王朝相继更迭的36年动乱，先后经历了"大长和国"、"天兴国"、"大义宁国"三个王朝。在此期间，弥渡地方沿袭南诏建置，仍称勃弄睑。

"大义宁国"国君杨干贞执政期间，"贪虐无道，中外咸怨"，通海节度使段思平，联络滇东37部种族、奴隶和"大义宁"的地方势力，于公元937年二月举行起义，打垮了杨干贞守军，进入阳苴咩城（今大理），取得政权，改国号为大理（意即大大调理各方面的关系），所辖疆域也以府或郡领属，先后建立了"九府七郡"。弥渡地方属天水郡（郡治驻今大理凤仪镇，辖今凤仪至弥渡一带）。在大理政权中，弥渡地方建置一直未变，仍属天水郡。

　　1253年，忽必烈率10万大军，以兀良合台总督军事，攻占大理，改置为万户府、千户、百户所等具有军事性的行政机构。弥渡地方隶属于大理下万户府，赵赕千户所。1273年，忽必烈派赛典赤以"谨厚"的方针行省云南。1276年，赛典赤改革军事性行政机构，在云南行省下设路、府、州、县，至元十一年（1274年）弥渡地方置建宁县，治地白崖，由赵州所辖，属大理路。至元二十五年（1288年），弥渡革去县制，并入赵州。后虽有梁王与行省之争，段氏和梁王之夺，然未改置。

　　明王朝建立后，朱元璋亲自部署，于洪武十四年（1381年）调集30万军队，以傅友德为统帅，蓝玉、沐英为副帅，讨伐云南，明军取得胜利。1383年，明设云南布政使司和都指挥司，进一步发展汉代以来"以夷治夷"的羁縻政策和元代的土官制度，"府卫参设"，"军政分治"，"土流兼置"，府、州、县相继置设。洪武十五年（1382年），弥渡地方置定西岭巡检司，设流、土官各1人。迷渡市（即弥渡街）设巡检司，设流官1人，属大理府赵州所辖。清顺治十六年（1659年），吴三桂进占云南，清康熙、雍正相继在滇池、洱海腹心地区设府、州、厅、县，推行"改土归流"政策（即改土官世袭统治为由朝廷委任官吏的制度）加强中央集权。弥渡地方分隶于赵州、蒙化厅、景东厅、宾川州、云南县。清沿明置，弥渡地方仍设有白崖巡检司、弥渡市巡检司。雍正九年（1731年），云南总督鄂尔泰奏请裁去白崖巡检，移大理府南关分府通判驻弥渡，为弥渡市督捕通判，署址弥城西街。这种情况一直延续到了大清王朝灭亡之际。

　　1949年4月18日，中国共产党领导的滇西人民自卫团率部入弥渡，进驻弥渡县城，宣布弥渡解放。时任县长邓文康携印潜逃。在中共弥渡地下党领导下，弥渡成立了革命的两面政权——弥渡县临时政务委员会，行使县政权力。同年12月9日，云南省主席卢汉通电起义，宣布接受中国共产党的领导，脱离国民党政权。第二日，弥渡县长常正学宣读卢汉起义通电，国民党政权在弥渡的统治就此结束。

民国区政府旧址

1950年，据滇西地方行政委员会批示，1月1日，弥渡县人民政府成立，属滇西人民行政督察专员公署辖，县长为盛铎，1950年3月1日，又划归大理专区领辖。1956年，改大理专区为大理白族自治州，弥渡县属大理州。1958年，弥渡、宾川、祥云合并，建立祥云县，但旋即就与撤销。1961年经国务院批准，仍置弥渡县，属大理白族自治州辖。1968年3月，在"文化大革命"中，改弥渡县人民委员会为"弥渡县革命委员会"。1979年，中共十一届三中全会拨乱反正，否定"文化大革命"。1981年3月，恢复弥渡县人民政府，李发枝任县长，弥渡县属大理白族自治州辖。

弥城小景

1995年，弥渡被国务院列为对外开放县，全县辖5镇4乡，即弥城镇、新街镇、红岩镇、寅街镇、苴力镇、太花乡、密祉乡、德苴乡、牛街彝族乡，共领89个行政村，1056个自然村。据2007年人口统计，全县总人口32.15万人。县域内居住有汉、彝、白、回、傈僳、佤、纳西、傣、哈尼、拉祜、壮、苗、蒙古、布朗、瑶、普米、布依等22个民族。县域南北长82公里，东西宽26公里，国土总面积1523.43平方公里，其中坝区面积132平方公里，占总面积的8.66%，素有"九山一坝"之说。

弥渡，经历了白子古国近千年的浸润，趟过了唐、宋、元、明的兴衰，走过了清朝、中华民国的烟灭，经受了长期战乱的困扰，创造出了一个个不可思议的神话。唐代天宝战争和两伐南诏留下的十多万中原将士，明朝年间连绵不断的军屯、民屯、商屯和开疆移民活动，茶马古道上来来往往的商贾游民，带来了大量的外来文化，使弥渡各民族的民俗、语言、艺术等文化在历史的沧桑中，与中原文化相互交流、渗透、融合，形成了今天灿烂多姿而独特的多元文化。所以，在这块沃土上，产生了以《小河淌水》为代表的弥渡民歌和以《十大姐》、《绣荷包》为代表的弥渡花灯，树立起了"标绩全滇"的国家级重点文物保护单位"南诏铁柱"，诞生了被誉为"天下无双境，人间第一桥"的省级风景名胜区天生桥，走出了以谷际岐、师范、李彪为代表的一大批文化名人。

穿过三千多年历史的烟云，弥渡在新的世纪里，载着"民歌之乡"、"花灯之乡"和"全国菜篮子产品生产先进县"、"云南省商品蔬菜基地县"的美誉，走出云南，迈进世界，奔向美好的明天！

历史篇 坐匝新开处

【延伸阅读二】

走进彩云深处

对于弥渡，很多云南人并不陌生，她的人、她的歌、她如诗如画的风景……一切的一切，都让人流连忘返。

文化大家师范，其诗享誉云南儒林。师范的诗、文著述很多，在云南诗文史上占有很突出的地位，更重要的是，他还编成了《滇系》一书，洋洋洒洒约45万字，计77卷40册，对云南文献的保存作出了重大贡献。当然作为云南的一代宗师，其学问堪称大，滇云文士皆知，师范的学问是云南现代学术的一个标杆。行走弥渡，看一看南诏、大理文化的遗存，成了许多中外人士的期望。

元代至元年间，一个叫郭松年的人默默走进了弥渡。他本可以走得热烈些，因为他当时的身份是云南西台御史，但他采取了悄然的方式进入，没有惊动任何人。也许，在他心里，拜访弥渡是件非常虔诚的仪式，太热闹的方式反而是对它的亵渎。他重点走访了"南诏铁柱"，然后把见闻记在了其《大理行记》里。今天的我们，可能对他有点陌生，但那篇《大理行记》在云南地方史上却是大名鼎鼎，成为研究南诏、大理时期和元代初期大理地区历史地理和社会经济文化的重要资料，对研究元初大理地区的行政区划、山川名号和地理分布有着极其重要的史料价值。

大约三百年后，又有一个人走进了弥渡。准确地说，他进入的时间是1639年。他是从巍山进入的，布衣布鞋，风尘仆仆，领着一个挑着装满稿纸和笔墨箱子的挑夫，经龙庆关，穿今天弥渡县城。每到一处，都要停下来，从箱子里拿出笔墨和纸，稍稍思索一下，然后笔走龙蛇的记录下了自己每过一处的山、水、桥、古迹等等。记录完了，会心一笑，收拾好行李，继续出发。弥渡，真应该感谢他，感谢他的这次穿境而过，否则真的就少了几分历史的厚度。可惜，当时的弥渡，完全漠视了他的存在，以至于没有把他留下来，让他完整地走完弥渡，要不然弥渡的许多胜景要增色不少，弥渡的历史也要多出几许亮色。他，就是被今人尊崇为"游圣"的徐弘祖。弥渡的许多地方，留在了他的《徐霞客游记》里。

弥渡确实有许多理由吸引着两位大师的脚步。

弥渡的历史，相比于华夏五千年有记录的历史，确实不算久远。但当弥渡有记录的时候，昆明还是水泽一片，以晋宁石寨山为代表的云南青铜文明还在酝酿之中，就是今云南之名，也始于弥渡。白崖古城的遗址，使得云南彩云现，让滇之人民至今仍受其惠。弥渡辉煌时，曾经在很长的一段时间内，弥渡都是"滇西粮仓"。南诏、大理无数次的征战，军粮往往也从这里发出。就是在今天，提起弥渡山歌和花灯，也是威名赫赫。那一首《小河淌水》——"东方的小夜曲"，又怎样地让无数人魂牵梦萦？

弥渡，一个汉武大帝曾经梦见"彩云南现"的地方。

【深度阅读】

弥川观稼

（清）程近仁

甘露飞古渡，野水涨平田。
驱犊横蓑笠，提壶响胝胼。
禾稼青黄杂，歌呼汉芦连。
劝农天子诏，载笔赓丰年。

【作者简介】程近仁：生卒年代不详，浙江钱塘县人，贡生。雍正十年（1732年），任赵州知州，其间主持编写了《赵州志》七卷。

宿弥渡

（清）田榕

夙昔知津客，今宵叹渡迷。
路遥黑水北，山回白崖西。
古瓦翻松鼠，荒林叫竹鸡。
眼看春尽处，一问小招提。

【作者简介】田榕：字瑞云，又字南村，贵州玉屏人。康熙五十年（1711年）举人。历任保山、太平、安陆等地知县。诗、书均有名于时，行历颇广，每所经涉，多有吟咏，有神韵风致。著有《碧山堂诗钞》十六卷。其《黔苗竹枝词》与余上泗的《蛮峒竹枝词》被时人誉为"双璧"。

历史篇 尘匣新开处

弥渡至白崖

（清）李春葵

秋风秋柳径堤斜，
香露初开野菊花。
村妇结群朝上市，
提篮紫芋大如瓜。

【作者简介】李春葵：生卒年代不详，弥渡人，举人。

上定西岭

（清）师道南

石路与天通，衣翻日影红。
群山都在下，一马直盘空。
树密藏春雨，轻岚散午风。
建宁回首望，城廓彩云中。

【作者简介】师道南：字立夫，号鸿州，年少有才华，弥渡人，师范之子。
死于鼠疫，年仅二十八岁，著有《鸿州诗集》。时人评其诗："古体颇有昌古怪趣，
诗五律则近长江、东野。"

【注释】

定西岭：主要在弥渡境内，今为弥渡县与大理市凤仪的交界。从上往下看，
可看到弥渡坝子，和今红岩镇，所以作者说："建宁回首望，城廓彩云中。"

登楼望白崖、定西岭诸山

（清）苏竹窗

佳气莽林边，横来半壁天。
晓昏不一态，今古常苍然。
马背千盘路，林稍百丈泉。
冷窗终日对，襟袖落云烟。

【作者简介】苏竹窗:女,今弥渡县人,生活于乾隆年间,嫁弥渡龚锡瑞,有才气,为云南古代少有的一位女诗人。

过定西岭

(清)徐凤曾

深壑高崖一径开,纷纷行客踏云来。
涧边叶落泉声冷,岭上烟凝猿啼来。
百战关山南诏险,千秋铁柱武侯才。
举头纵月达香国,走马题诗走绿苔。

【作者简介】徐凤曾:弥渡红岩人,生平事迹不详,生活于乾隆、嘉庆时期。

【题解】此诗后被刻碑于今大理市三哨胡家寺内,诗碑今存。诗抒写了诗人经过定西岭的见闻和历史感怀。

【注释】

香国:指今大理,大理古有"妙香国"之称。

春日过定西岭

(清)曾学祖

西岭昆明一径悬,武侯功烈著南天。
白崖国剩荒城址,赤印文留峭壁巅。
地控金沧开绝徼,水明玉洱俯长川。
春来谷鸟催行色,溪水桃花亦黯然。

【作者简介】曾学祖:生平事迹无详考,从零星的文献记载来看,其主要生活于大理府一代。鸡足山八角庵藏有其书法一幅,另外,其题剑川石钟山石窟联:"石头有庙歌千载,南诏无初享百年。"

西岭云涛

（清）郑荣

彩云高护玉山岭，一径斜通路转深。
石泻流泉声自古，崖悬溅瀑冷于今。
飞来鹤拓青天外，听去龙吟碧树林。
烟静从前推铁柱，登临常见昔人心。

【作者简介】郑荣：生卒年代不详，乡试中解元。写这首诗时任弥渡知县。

过弥渡记

（明）徐霞客

　　十九日，妙乐以乳线赠余。余以俞禹锡诗扇，更作诗赠之。驼骑至，即饭而别，妙乐送出北门。仍二里，过演武场东。又北循东麓一里，有岐分为二：一直北随大坞者，为大理、下关道；一东向入峡逾山者，为迷渡（今弥渡）、洱海道。乃从迷渡者东向上。五里，涉西下之涧，于是上跻坡。二里，得坪，有数家在坪北，曰阿儿村。更蹑坡直上五里，登坡头，平行冈脊而南度之。此脊由南峰北度而下者，其东与大山夹为坑，北下西转而入大川，其西则平坠川南，从其上俯瞰蒙城，如一瓯脱也。又北倚坡再东上三里，有三四家当脊而居，是为沙滩哨。脊上有新建小庵，颇洁。又蹑脊东上二里，盘崖北转，忽北峡骈峙，路穿其中，即北来东度而南转之脊也，是为龙庆关。透峡，即随峡东坠，石骨嶙峋。半里，稍平。是脊北自定西岭南下，东挟白崖、迷渡之水，为礼社江，南由定边县东而下元江；西界蒙化甸头之水，为阳江，南由定边县西而下澜沧，乃景东、威远、镇沅诸郡州之脉所由度者也。东下者四里余，有数家居峡中，是为石佛哨，乃饭。

　　又三里，有三四家在北坡，曰桃园哨。于是曲折行峡中，随水而出，或东或北。不二里，辄与峡俱转，而皆在水左。如是十里，再北转，始望见峡口东达川中。峡中小室累累，各就水次，其瓦俱白，乃磨室也，以水运机，磨麦为面，甚洁白，乃知迷渡川中，饶稻更饶麦也。又二里，度桥，由溪右出峡口，随山南转半里，乃东向截川而行。其川甚平拓，北有崇山屏立，即白崖站也；西北有攒峰横亘而南，即定西岭南度之脊也。两高之间，有坳在西北，即为定西岭。逾岭而西，为下关道；从坳北转，为赵州道。余不得假道于彼，而仅一涉礼社上流，揽迷渡风景，皆驼骑累之也。东行平堤三里，有围墙当路，左踞川中，方整而甚遥，中无巨室，

12

乃景东卫贮粮之所，是曰新城。半里，其墙东尽，复行堤上三里，有碑亭在路右，乃大理倅王君署事景东，而卫人立于此者。又东半里，有溪自北而南，架木桥于上，水与溪形俱不大，此即礼社之源，自白崖定西岭来，南注定边，下元江，合马龙，为临安河，下莲花滩者也。时川中方苦旱，故水若衣带。从此望之，川形如犁尖，北拓而南敛，东西两界山，亦北高而南伏，盖定边、景东大道，皆由此而南去。又东半里，入迷渡之西门。其墙不及新城之整，而居庐甚盛，是为旧城，有巡司居之。其地乃赵州、洱海、云南县、蒙化分界，而景东之屯亦在焉。买米于城。出北门，随墙东转一里，有支峰自东南绕而北，有小浮屠在其上。盘其嘴入东坞中，又一里，其中又成一小壑，曰海子。有倚山北向而居者，遂投之宿。

二十日平明，饭而行。又东一里，入峡，其中又成一小壑。二里，随壑北转，渐上坡。再上再平，三里，逾岭头，遵冈北行。又三里，有村在西坡腋间，为酒药村。又北循坡行，其坡皆自东而西向下者，条冈缕缕，有小水界之，皆西出迷渡者。再下再上约十里，有卖浆者庐冈头，曰饭店，有村在东山下，曰饭店村。又北逾一冈，二里，坡西于是有山，与东坡夹而成峡，其小流南下而西注迷渡。路乃从峡中溯之北，二里余，转而东北上，二里余，陟而逾其坳。此乌龙坝南来大脊，至此东度南转，而峙为水目者也。脊颇平坦，南虽屡升降坡间，而上实不多，北下则平如兜，不知其为南龙大脊。余自二月十三从鹤庆度大脊而西，盘旋西南者半载余，乃复度此脊北返，计离乡三载，陟大脊而东西度之，不啻如织矣！

【作者简介】徐霞客（1587—1641）：名弘祖，字振之，号霞客，汉族，南直隶（今江苏省）江阴人。明末 地理学家、探险家、旅行家和文学家。他经30年考察撰成260多万字（遗失达200多万字，只剩下60多万字）的《徐霞客游记》开辟了地理学上系统观察自然、描述自然的新方向。既是一部系统考察祖国地貌地质的地理名著，又是一篇描绘华夏风景资源的旅游鸿篇，还是一部文字优美的文学佳作，在国内外具有深远的影响。徐霞客被今人尊为"游圣"。

【注释】

蒙城：即今巍山古城。

瓯脱：古代少数民族屯戍或守望的土室。

陟（zhì）：登高。

彩云桥 Caiyunqiao

彩云桥怀古

（清）郭复虩

独向桥西坐未还，蒿莱满目叹时艰。
萧条古驿寒烟里，飘摇荒城夕照间。
赤水不循蒙氏岸，彩云犹恋旧时山。
古今特使纷来去，惟有相如未可攀。

【作者简介】郭复虩（guó）：字子宏，号呼石，弥渡人。康熙年间贡生。其诗被倪琇（清嘉庆年间昆明诗人）赞为："意境高旷，诗笔情深，应是司空表圣后身，在滇诗中可与彭心符齐眉。"

【注释】
赤水：即赤水江，从彩云桥下穿过。
蒙氏：即代指南诏，南诏国主姓蒙。
相如：即司马相如。汉武帝曾派司马相如到西南，招抚当时的"西夷"邛、筰等少数民族部落。但司马相如并未到达大理一带。

晚过赤水江

（清）郭绣

蒙氏山河半失名，赤江南去水盈盈。
千年桥在谁题柱，两岸彼登此濯缨。
风节持来金马使，霜蹄踏过彩云城。
唐师汉将经过处，顿起乡关不世情。

【作者简介】郭绣：弥渡人，生平事迹不详，清乾隆壬戌科进士，曾任姚安州学正。

【注释】

风节：古代使者持的一种符节，用以做凭证，相当于今天的护照。

彩云桥

（清）龚仁

瑞霭何年见，唐皇赐今名。
水环平野阔，山抱石梁横。
涌塔消飞牖，埋符镇乱兵。
中丞诗尚在，旧有彩云迎。

【作者简介】龚仁：弥渡人，生平事迹不详。

密祉凤凰桥

彩云桥

　　在红岩镇东边不远处的赤水河上，有一座水泥桥。从大理方向进入红岩镇，这里成了咽喉之地。当浩浩荡荡的车队经过这里时，很少有人会想到，车轮碾过的不仅仅是水泥路面，更是时间的隧道，空间的距离，历史的沧桑。

　　这座桥，已经不知道经过了多少次的毁灭与重建，最迟的一次毁灭，是在20世纪70年代，它被一场特大的洪水冲垮，取而代之的就是现在人们所见的水泥桥，并经过今天的修葺一新，原来模样已慢慢变得模糊，于是，弥渡的历史也跟着变得模糊不清。但不管怎样湮灭与修葺，这座桥一直有一个非常好听的名字：彩云桥。因为彩云桥，弥渡的辉煌历史就有了实证；因为彩云桥，云南的历史无论怎么绕都绕不过弥渡这片沃土；因为彩云桥，背后的红岩镇有了更深厚的文化内涵。

　　"云南"名称的由来，现在很多人相信，是由"彩云南现"简化而来。据记载，西汉武帝做了一梦，梦到南方的万山丛中升起一朵奇异而美丽的彩云。梦醒后，武帝以为祥瑞，于是，派出差员，向南方一路寻找。这些差员在走过千山万水之后，终于在南疆边陲的今弥渡红岩镇大山皱褶里，找到了这朵奇异而美丽的彩云。差员立即快马加鞭地赶回京城，向皇帝汇报，并带回了有关白子古国的消息。汉武大帝龙颜大悦，于是遣使交往，并附滇王玉印一枚，赐予当时白子古国国君仁果。"彩云南现"从此就被广泛地传播，后来慢慢演变成了云南的代名词。而今红岩镇一带，也成了彩云的故乡，所以当地人把当年迎接汉使的那座桥称为"彩云桥"。《云南通志》载："汉武元狩间，彩云见于南中，遣使迹之，云南之名始此。"《祥云县志》亦载："汉元狩元年，彩云现于白崖，遂置云南县。"《僰古通纪浅述校注》记载："汉武帝元封二年（公元前109年）……通道南滇，册封哀牢夷第八族牟苴颂四世孙仁果为滇王。"

　　经过无数次的毁灭与重建，彩云桥虽经千年岁月的剥蚀，但仍然磨灭不了人的记忆，吸引着众多的文人墨客到此凭吊赋诗，抒发幽幽思古之情。康熙年间，郭复虢就写了一首《彩云桥怀古》："独向桥西坐未还，蒿莱满目叹时艰。萧条古驿寒烟里，飘摇荒城夕照间。赤水不循蒙氏岸，彩云犹恋旧时山。古今特使纷来去，惟有相如未可攀。" 清乾隆进士、邑人郭绣在其《晚过赤水江》写道："蒙氏山河半失名，赤江南去水盈盈。千年桥在谁题柱？两岸彼登此濯缨。风节持来金马使，霜蹄踏过彩云城。唐师汉将经过处，顿起乡关不世情。"清人陈绍堂写了《彩云桥怀古四首》，其一为"彩云桥西彩云城，断堞残云乱幽草。白王宫殿披荆榛，干戈揖让蛮烟扫"。

与彩云桥命运相连的，是背后的红岩镇。红岩镇因为彩云桥，而曾经在很长的一段时间内，被称为彩云镇，就是在今天，民间仍有这种叫法。与彩云桥一样，红岩镇的历史也十分久远，曾经作为白子古国的都城，而显赫四方。惜白子古国在历史的长河中，随风而逝，只留下了一片废墟，供今人遐想，红岩镇也陷入了历史的沉默。明清时期，大批的汉人涌入这里，带来了大量的汉文化，红岩镇又开始热闹起来。特别是茶马古道穿境而过，给这里带来了商业的繁华与喧嚣。这可从小镇上的一条古街可看出来。古街街道狭长，宽约五米，长约二里，呈"一"字形，古称"横马一条枪"。街道由青石板铺成，街道中央有一条宽约二尺的石板铺成的引马石，青石板引马石上的马蹄印清晰可见，记载了小镇的历史沧桑。两旁店铺林立，透过那斑驳的门窗，依稀可见昔日马帮、商队、轿夫、过客成群结队地在此落驿的繁华情景。

跨过了彩云桥，其实也就跨过了一段长长的沧桑历史。

【延伸阅读二】

沧桑彩云桥

进弥渡红岩镇，首先得经过一座桥。

这座桥，从西汉走来，其间，已记不清经过了多少次的毁灭与重建，最近的一次是在20世纪70年代，被一场特大的洪水冲垮，取而代之的就是现在人们所见的水泥桥，虽经过修葺，但原来的模样已变得模糊不清，这如同弥渡以往的历史，在岁月的磨蚀下让人更觉得迷离。

但不管怎样湮灭与修葺，这座桥一直有一个非常好听的名字——彩云桥。而桥下面赤水河的滚滚江水成了它沧桑历史的忠实见证。

彩云桥一直与一个"彩云南现"的词语紧紧相连，而今天云南名称的由来，据很多专家学者考证，是从"彩云南现"中简化而来。相传，西汉武帝做了一梦，梦到南方的万山丛中升起一朵奇异的彩云。梦醒后，武帝以为祥瑞，于是，派出差员，向南方一路寻找。这些差员在走过千山万水之后，终于在西南边陲的一个角落里，找到了这朵彩云。这个角落就是今天的红岩镇。这个故事在文献中也确有其载，《祥云县志》云："汉元狩元年，彩云现于白崖，遂置云南县。"万历《云南通志》亦载："汉

武元狩间，彩云见于南中，遣使迹之，云南之名始此。"所以，弥渡因为一次不经意的偶然，竟构成了"云南之名"的逻辑起点。今天的我们，已无法知道当时差员到了红岩的具体情况，但可大致推测出一个生动的情景。差员跨过了赤水河，在众多诧异而好奇的目光中，受到了当时镇上人的热情款待，甚至受到了当时当地首领的盛情接见。在觥筹交错中，差员述说了此行的目的，并介绍了大汉朝的恢弘景象。最后的结果是，当地人在首领的带领下，依依不舍地送别差员到河边，并把差员经过的桥命名为彩云桥，以此纪念与大汉朝的友好关系。

当然，这种生动的场景只是推测，但后来事态的发展却能证明这种推测有点合乎情理。史载："汉武帝元封二年（公元前 109 年）……通道南滇，册封哀牢夷第八族牟苴颂四世孙仁果为滇王。" 仁果即当时白子部落的酋长，如果没有差员的那次无意的闯入，那么仁果怎么能被汉武大帝封为"滇王"呢？所以，彩云桥在白子古国灰飞烟灭之后，成了两千多年前当地与西汉通好的最好佐证。康熙年间，郭复虢有一首《彩云桥怀古》，写得深沉而慨叹，其中两句为："古今特使纷来去，惟有相如未可攀。"

郭复虢的这首诗，也浓浓地道出了彩云桥的尴尬。明明经历无数次的毁灭，却总被一次次地重修再建；明明承载着厚厚的历史，却总被历史遗忘。彩云桥，实在应该感到委屈。但彩云桥还是默默地忍受了，一如既往地承载着来来往往的行人与车辆，承载着一段段几乎被人遗忘的往事烟云。也许，今天经过这里的行人很少会想到，他们踏过的不仅仅是水泥路面，更是时间的隧道，空间的距离，历史的沧桑。

天马关桥

【深度阅读】

彩云桥怀古四首

（清）陈绍堂

（一）

彩云桥西彩云城，
断堞残云乱幽草；
白王宫殿披荆榛，
干戈揖让蛮烟扫。

（二）

武乡铁柱屹天威，
苍鼠寒鸦暝夕晖；
茗水文波赋心远，
清平德化西泸归。

（三）

玉斧自经划大渡，
长和负固天与聚；
义宁腾沸天水滨，
龙泉剑液微荒路。

（四）

定远西平几道开，
青天上下昆弥隈；
监车力役苦血汗，
树声泉响如奔雷。

【作者简介】陈绍堂：生平事迹不可考。

【注释】

堞（dié）：城上如齿状的矮墙。

榛（zhēn）：丛杂的草木。

历史篇 尘匣新开处

白崖古城 Baiya gucheng

白崖

（清）陈钊镗

百尺危崖瘴雾开，
白王宫殿化蒿莱。
金戈铁马无寻处，
一个牧童吹笛来。

【作者简介】陈钊镗：生卒年代不详，南海人氏，任赵州知州期间，于清道光十八年（1838年）主持编写了《赵州志》六卷，道光二十年（1840年）任丽江知府，自号"双南外史"。

白崖古城遗址碑

【延伸阅读一】

白崖古城

白崖古城，又称彩云城，或文案洞城，俗称红岩古城，随着岁月的流逝和时代的风云变幻，今已演变为百亩良田，唯见北面、东面、南面有几段高出地表的断壁残垣，依稀可见当年气宇之貌。

遗址位于红岩镇西北二公里处，古城村左前方，定西岭南隅，迤西古道北侧。在历史上，白崖古城是通往南诏统治腹心——洱海区域的门户，一度成为南诏统一六诏的大后方。六诏统一后，阁罗凤因唐王朝诸权臣施行压制政策，被逼叛唐，为加强南诏门户——白崖的防卫，便"设险防非，凭隘起坚城之固"，于唐天宝十一年（752年）重新修建了白崖城。在其不远处的新发村，有总面积不下10余万平方米的金殿窝古城遗址，相传当年就是阁罗凤王室亲族所居之地。

白崖古城在历史上屡屡有载，樊绰在其《云南志》卷五中记载："白崖城在勃弄川，天宝中附于忠、城、阳等五州之城也。依山为城，高十丈，四面皆引水环流，惟开南北西门。南隅是旧城，周回二里。东北隅新城，大历七年阁罗凤新建也。周回四里。城北门外有慈竹丛，大如人胫，高百尺余。……其南二十里有蛮子城，阁罗凤庶弟诚节母子旧居也。"明代李元阳也写了一篇《白崖土城记》。清道光年间赵州知州陈钊镗亦写了一首《白崖》，生动地记述了白崖古城的状况："百尺危崖瘴雾开，白王宫殿化蒿莱。金戈铁马无寻处，一个牧童吹笛来。"

白崖古城的历史演变与白子古国的命运息息相关。白崖城一直是白子古国的都城所在，随着白子国的兴衰而沉浮，最后随着白子国的随风而逝而完全湮灭在历史的长河中，长出了凄凄芳草，演变成了百亩良田，供人以赋诗凭吊。也许是太古老，白子古国在中国汗牛充栋的历史典籍中，其记载并不多见，仿佛就是一阵呼啸而过的风，留下了痕迹，但难以捕捉，尽管刮过了近千年。所以，白子古国曾经在很多人的心目中，并不存在，就是有，也只是一个虚

白崖古城遗址说明碑

历史篇 坐匣新开处

幻的神话而已。但今天根据白崖古城遗址和散落在文献中的零星记载，证实了一个曾经辉煌一时的白子古国确实存在。

从今天已有的资料来看，最早关于"白子国"的可靠记载，首推《僰古通记浅述》。其记："周显王时，遣弟庄蹻上略巴黔，遂王其地，曰滇国，与僰人国通和，又曰滇池。"僰"即"白"，庄蹻入滇始于公元前286年，依此记载，说明僰（白）人国早在战国时期就已存在。其又记："汉武帝元封二年（公元前109年），遣张骞……通道南滇，册封哀牢夷第八族牟苴颂四世孙仁果为滇王。"这与正史《史记·西南夷列传》载"赐滇王印，复长其民"是完全吻合的。胡蔚本《南诏野史》有《大白国》之记："阿育王第八子蒙苴颂居大理白崖，因地名，号白国。至楚威王命庄蹻伐滇，蹻遂自为滇王、庄威王之后。好佛，法纪不振，国人推张仁果为王，至汉武帝命张骞使滇，立仁果为王，仍称白国，后昆弥氏继之，改白为拜。"《南诏野史》虽与《僰古通记浅述》记载有出入，但在肯定白子国存在方面是完全一致的。明代诸葛元声著的《滇史》，对白子国亦有记载："苴颂（传为张氏始祖）始居白崖，因号白国，又号大白国，再传而昆弥氏代之，是为僰国。"

白子国的存在还可以从其历代国君上找到证据。清代顾祖禹《读史方舆纪要》载："诸葛武侯南征，师次白崖，立（龙佑那）为酋长，赐姓张氏，遂据云南，或称昆弥国，或称白国，或称建宁国，传十七世。"胡蔚本《南诏野史》也说："汉诸葛武侯南征，至白崖，杀雍闿，擒孟获，并封白子国国王仁果十五世孙龙佑那为酋长，赐姓张……张氏传三十三世至张乐进求。"20世纪60年代，台湾学者李霖灿在其《南诏大理国新资料的综合研究》中，有一幅作于南诏舜化贞中兴二年（899年）的《南诏图传》（现收藏于日本京都有邻博物馆），其文字卷记载："阿嵯耶观音从蕃国中行化至汝大封民国……我大封民始知阿嵯耶来至此也"和"大封民国圣教（即佛教）兴行"。"封"即"白"的古对音，"大封民国"即"大白民国"。《南诏图传》是南诏时的宫廷画卷，虽已距今1100多年，但其记载应是十分可信的。其中一幅《铁柱记》，题记为"按张氏国史，云南大将军张乐进求，西洱河右将军张矣牟栋，巍峰刺史蒙逻盛，勋功大部落主段宇栋、赵览宇、施栋望、李史顶、王青细等九人共祭铁柱侧"，这又与诸葛亮"赐姓张氏"的记载是相佐证的。从这些资料不难推算出，白子国正式得到中央王朝的承认，始于公元前109年仁果任滇王，经公元225年龙佑那受张姓，终公元629年张乐进求逊位于南诏第一代王细奴逻，历时达738年之久，比南诏、大理国历史加起来还要久远。《白古通记》载："当唐贞观世，张乐进求以蒙舍酋细奴逻强，遂逊位焉。"《僰古通纪浅述》记载："唐太宗时，仁果三十三代孙张乐进求朝觐，封云南镇守将军。"

红岩小景

　　另外，流传于民间的一些传说故事也从另一层面可证实白子国的存在。在弥渡地区，千百年来就一直流传着三公主与细奴逻的爱情故事。相传细奴逻本为白王张乐进求家的一个牧人，但长得高大英俊，张乐进求的女儿三公主一见倾心，二人很快私订终身，但遭到了白王的阻挠。一日，张乐进求率人祭祀铁柱，忽一只金鸟从天外飞来，落在了细奴逻的肩上，并反复鸣叫："三公主，细奴逻。"八日乃去。张乐进求以为这是天意所然，乃应许二人婚事，后来并把王位也传给了细奴逻。这个民间传说虽然不可信，但这些人物应该是真实的，细奴逻的历史身份已无须赘言，那么白王张乐进求和三公主的身份也应该是确实存在，并且这个故事在史籍中也屡见其载。《僰古通浅述》载："僰国酋长有张乐进求者，为云南诏，都白崖，闻观音命细奴逻为国王，其心不怿，乃嘱诸部酋长，同约细奴逻，具九鼎牺牲，诣白崖铁柱观效于天，卜其吉者而王之。众皆悦而从之。祭毕将卜，忽有布谷飞在细奴逻右肩，众皆惊服，不复占卜，而咸顿首，请细奴逻登国（王）位。时张乐进求知天命有德，遂避位于逻，而以其女妻之。"而在《南诏图传》中的《铁柱记》里，铁柱顶上确有一只鸟。《铁柱记》文字载："初，三赕白大首领将军张乐尽（进）求并兴宗王（即细奴逻）等九人，共祭天于铁柱侧，主鸟从铁柱上飞憩兴宗王之臂上焉。张乐尽求自此以后，益加惊讶。兴宗王乃忆，此吾家中之主鸟也，始自忻悦。"胡蔚本《南诏野史》之《建宁国》亦记："张氏传三十三世至张乐进求，一见蒙奇王有异相，遂妻以女，让位与奇王。王姓蒙，名细奴逻，遂灭张氏，号大封民国。"

　　白崖古城，曾经，见证了一段辉煌的历史；而今，本身又成了一个传奇。

【延伸阅读二】

这里真不应该如此安静

弥渡之行，应该把叩访白崖古城遗址作为最后一个落脚点。因为，白崖古城在云南人的心中，分量太重，形象太神圣，没有准备地匆忙进入，是对它的一种亵渎，显得太不礼貌，你把弥渡其他景点走完，最后来到这里，在弥渡历史发展的逻辑起点上，正好对弥渡作一次历史的总结。

所以，白崖古城遗址云游，是一次穿越时空的神思飞游。

抵达遗址，最好是黄昏。拜访遗址古迹的最佳时间是在黄昏日落时，只有残阳落照才能更好地切合断壁残垣，构成一种融现实与历史的深远意境。

如今古城已不可观，现在已成了百亩桑田，只有少许残垣片瓦露出地面，仿佛诉说着它的存在。但当遗址呈现在眼前时，还是觉得有点意外，不是意外它的沧桑，而是意外它的如此安静。

这里，真不应该如此安静。朔风猎猎的冬天、凄霞艳艳的黄昏，都不能构成如此安静的理由。弥渡的文化历史从这里出发，构成了弥渡历史发展的逻辑起点。从此以后，弥渡的历史得以经脉俱开，气吞万汇，恣意汪洋，铸就辉煌。

当秦始皇为统一六国而大肆东征西讨时，这里却是祥和乐土一片，滇中的各部落使节进进出出，白子部落的首领与来客把酒言欢，笑声阵阵，强大而不逞能，威严而不显露，在迎来送往中从容不迫地彰显着权力中心的自信。权力的中心由仁义、信任、歌舞来汇聚，而不是由猜疑、讨伐、谎言来构成，这才是真正的王

白崖古驿道

者之道。白崖古城的主人显然做到了这一点。

当汉武大帝挥手派出他的使臣,不远万里去寻找他梦境中的彩云时,这里,热情地接待了大汉朝的使者。无须唇枪舌剑的谈判,无须细枝末节的反复斤斤计较,很快,弥渡乃至今天的整个滇西地区得以划入中国的行政版图,没有血流成河,甚至没有任何口角的纠纷。

当面对强大南诏国的步步紧逼,白子国末代国君张乐进求依然采取了祖先的一贯做法,隐忍退让,最后,于公元629年,以一种淡定从容的方式逊位给了细奴逻,理由很简单,为的就是百姓安宁。我想,张乐进求的心里,必定存在这样一种逻辑:和平的隐退,才是对祖先最好的祭奠;为了一己之私,引发一场尸积如山的战争,置臣民生命于不顾,那才是对祖先的不孝,自己才是真正的千古罪人,自己再委屈,再怎么遭人唾骂,也要忍受。

白子国从部落盟主算起,经接受汉武大帝册封,再到张乐进求逊位,至少鲜活地存在了一千年。期间,中原地区已从战国时期绵延到了唐代,"贞观之治"的浩大场面才刚刚开始。这份履历,放在中国浩瀚五千年的历史中,也是一个神话;放在世界的版图中,也应是赫赫有名。

也许,出于一种发自内心的对白子国的敬畏,连不可一世的云南王阁罗凤也不忍心摧毁白子国历代君主苦心经营的白崖城,而是谦卑地把自己的城堡建在了一旁。真要好好感谢阁罗凤的这一份敬畏,要不然,今天的我们就无法如此写意地翻动弥渡历史书页,弥渡历史,也因之失重许多。而阁罗凤,也应该为他的这份敬畏感到欣慰,因为他的金窝殿也因此与白崖城一道载入史册,若干年后,又一道成了遗迹,在雨雪风霜、晨曦落照中相依相伴,诉说着彼此的恩怨情仇。

天边的几抹晚霞已有点凄艳,化作百亩良田的白崖古城在薄薄雾霭中寂静无声,显得空空荡荡。偌大的田地里,没有一个忙碌的身影。路边,偶有人影飘过,但你看不到他们朝田地深处探寻和疑问的目光。你一定想拉住他们,请求他们打住匆匆的脚步,告诉他们,这厚厚的土地下,埋藏着一段历史,一种辉煌,一个神话。显然,这是徒劳。因为这里,对他们而言,显然太陌生;白子古国,距离他们实在太遥远。有几个人能想到,这百亩良田与白崖古城、白子古国竟构成一种现代与古代的对应关系?白子古国曾经庇护了这里上千年,而古城又化作良田百亩,仍恋恋不舍地福泽着这里的广大苍生。

这里,真不应该安静。至少,虽然不要像南诏铁柱一样,四时享受着邑人香烟袅袅的尊崇,但应该时不时地有人来莫拜,而不应该被人遗忘。

历史篇 坐亘新开处

白崖城

（唐）樊绰

　　白崖城在勃弄川，天宝中附于忠、城、阳等五州之城也。依山为城，高十丈，四面皆引水环流，惟开南北西门。南隅是旧城，周回二里。东北隅新城，大历七年阁罗凤新建也。周回四里。城北门外有慈竹丛，大如人胫，高百尺余。城内有阁罗凤所造大厅，修廊曲庑，厅后院橙枳青翠，俯临北塘。旧城内有池方三百余步，池中有楼舍，云贮甲仗。川东西二十余里，南北百余里。清平官已下，官给分田，悉在。南诏亲属亦住此城傍。其南二十里有蛮子城，阁罗凤庶弟诚节母子旧居也。正南去开南城十一日程。

《云南志》卷五

　　【作者简介】樊绰：生卒年代不详，初为安南（今越南河内）经略使蔡袭幕僚。唐懿宗咸通三年（862年），南诏王世隆攻安南，经略使王宽不能御，朝廷以湖南观察使蔡袭代王宽为经略使，将兵屯守，樊绰随行。863年，南诏军攻陷交趾，蔡袭战死，樊绰于城陷时携带印信，浮水渡过富良江走免，次年六月受命任夔州（今四川奉节）都督府长史，复访黔、泾、巴、夏四邑民族情况，结合以前对南诏的研究，并参考《后汉书》、《夔城图经》、王通明《广异记》等书，写成《云南志》一书。

　　【注释】

　　《云南志》：书中对南诏统治区的政治、经济、民族、山川、交通城镇及境外诸国作了较详细记述，为现今仅存唐代著述中有关云南地区之专著，具有极其重要的史料价值。自宋、元至明初流传不绝。

　　勃弄川：弥渡坝子的古称。

白崖土城记

（明）李元阳

　　白崖甸为大理府分治之地，以通守董之。嘉靖元年，始建署置官。吏部奉制，下檄曰"督捕盗贼，控驭土官"云。然自设官以来，居人残于寇盗，曾无宁岁，每以筑垣为请。历四十馀年，通守凡十易，竟无一人承为己任者。

嘉靖甲子，麻阳张君通守大理，职当其任，讯于民，曰："御戎固我职事，将奚先？"民曰："垣为急。"曰："前此奚为不告？"曰："业尝告之，以庭讼纷如，不暇及也。又兹地界在蒙景二郡犬牙之间，吏利其嚚黠无稽，易于得赂。故争来署事，搀阶越次。春到官而夏必代，甚至有朝赵甲而暮钱乙矣。故当此任者恐恐然惧他官之己夺也。垣之足事乎？"君谕之曰："吾以里选出身，得此官，在吾为望外之福矣。吾又敢望富乎？吾与汝约，欲保汝之家而又自爱其力不可也。各量汝居之广狭以垣之。曰土，曰刀，曰畚锸，先事备具，以冬从事。其弗胜者，吾给之。"民乃乐于趋事。月之内，百堵皆兴。然未及瓦覆，果又有夺者至矣。君既别署，民日望之。及夺者以贿败，乃君复其故署，则垣有颓于宇者矣。君乃日夜皇皇，阙者补之，欹者扶之，未覆者甓以固之。然后千室有庇，牛羊马牻盈于衢巷。君又教令具兵甲，选其丁之壮者得千人，俾谙金鼓进退之节。是岁，三百里之内，寇盗莫敢近，民用歌谣。时郡守定川顺庵罗公棘喜得良倅，而里居缙绅谓君有功于民，不可无述。属邑太和令雅州刘君璧征言于逸史李元阳记之。

君名表，字子敬，别号认所云。

【作者简介】李元阳（1497—1580）：字仁甫，号中溪，别号逸民，明代大理府太和县人，白族。明嘉靖壬午年（1522年），取云贵乡试第二名；嘉靖丙戌年（1526年）中进士，初授翰林院庶吉士。其诗文集有《艳雪台诗》、《中溪漫稿》，理学著作有《心性图说》，并在晚年编纂了嘉靖《大理府志》和万历《云南通志》。另外，其还工于书，书法温润拙朴，蔚为大家。由于他在哲学、史学、文学、书法、教育诸方面的突出成就，被誉为"史上白族第一文人"，在云南文化史上占有重要地位。

【注释】

嘉靖元年：1522年。

嘉靖甲子：嘉靖四十三年，即1564年。

蒙景二郡：蒙化府及景东府。蒙化府，洪武十五年（1382年）因元朝置州，正统十三年（1448年）六月升府，治所在今巍山县城；景东府，洪武十五年因元置，三月降为州，属楚雄府。十七年（1384年）复府。

《滇志·官师志·大理府知府》："罗棘，永宁人，举人。"

《大理县志稿·秩官部·循吏》："刘璧，雅州人。嘉靖间知惠下，爱惜民力，民颂不衰。"后迁鹤庆府同知，顺州知州。

历史篇 坐画新开处

南诏铁柱 Nanzhao tiezhu

建宁铁柱三首

（清）谷际岐

序言：叶榆旧志谓建宁铁柱为蒙氏伪物，以柱中建极字乃蒙氏号耳。考通志，柱实武侯所建至唐咸通间，蒙氏重铸，始为私更以年号，柱所在白崖赕，自唐武德间四年，置姚州都督府，已立隶之，历开元末，蒙氏虽并五诏，窃据而仍羁□□于唐，故其蒙氏之事，历历可考。今赵当更正之其说，尤正为再作二首立存。

（一）

建极何年自记功，兼并六诏始称雄。
贡金不负周王鼎，作柱空羞汉将铜。
祠宇苍茫秋水外，香烟缥缈夕阳中。
低吟霸气应销歇，伏腊犹然走叟童。

（二）

钟鼎功原记荡平，安容割踞转争鸣。
共工天厌山犹折，炎运神扶柱始擎。
重铸懿宗唐代考，私书建极伪年更。
斩雍刻印俱同地，莫为蒙称失大名。

（三）

南人自此不复反，纪载攻心仰大勋。
铭似燕山威万里，坚同蜀鼎定三分。
余氛蒙段空称伯，助讨赡黔更效勤。
莫惜镌功辞尽墩，出师二表有遗文。

【作者简介】谷际岐(1740—1815):字凤来,号西河,自号龙华山樵,弥渡人。乾隆三十九年(1774年)解元,四十年(1775年)进士。官至礼部给事中。著有《龙华山人诗》、《学易秘旨》、《西阿诗草》等。

【注释】

贡金不负:指唐天宝年间及以后叛唐归吐蕃时期,即公元751年至794年。

周王鼎:这里指的是唐朝。

汉将铜:指东汉建武十九年(公元43年),伏波将军马援破交趾,在象林铸铜柱纪功一事。

叟童:每年农历正月十五日为铁柱庙的庙会,附近各彝族村寨的群众扶老携幼前来祭祀,祭司进行祈祷、卜卦等活动。

斩雍刻印:孔明灭雍闿在白崖,在昆弥山立铁柱,并刻石印于此。

蒙段:分别指南诏国、大理国国主。蒙、段分别为他们的姓氏。

赡黔:分别指的是元赛典赤、明沐英。

诸葛铁柱

(清)邓元善

丞相南征五月中,威声远播德声隆。
三分有赖擎天手,七纵宁领略地功。
大渡漫夸乾德斧,殊勋不让伏渡铜。
绝邻金缕飞翻日,省识张王运已终。

【作者简介】邓元善:弥渡人,生卒年代不详,清光绪进士,曾任临安府学正。其子邓鸿逵为光绪举人,后为同盟会会员。

【注释】

乾德斧:相传宋太祖为巩固其江山,在地图上用一把小玉斧把大渡河之外的版图划去,所以在孙髯翁的大观楼长联中有"宋挥玉斧"之句。

伏渡铜:指东汉建武十九年(公元43年),伏波将军马援破交趾,在象林铸铜柱纪功一事。

"南诏铁柱庙"牌匾

　　张王：指的是古白子国国主，诸葛南征，赐当时白子国国主龙佑那为张姓，所以以后白子国历代国主都姓张，最后一位国主为张乐进求。

【延伸阅读一】

南诏铁柱

　　弥渡有一宝，就是"标绩全滇"的国家级重点文物保护单位——南诏铁柱。

　　南诏铁柱位于弥渡县城西北约六公里的太花乡庙前村（古称铁柱邑）铁柱庙内。铁柱庙，史称"南诏铁柱庙"或"铁柱观"，元代郭松年在其《大理行记》中有记："白崖甸……西南有古庙，中有铁柱。"可知铁柱庙至少建于元代以前。清康熙四年（1665年）重修，乾隆四十九年（1784年）又重修大殿及前后院诸殿和厢房，时庙宇占地5541平方米，建筑面积1542平方米，由大照壁、外戏台、广场、砚池和三拱石桥等组成外院，由三皇殿、圣母殿、土主殿及北厢房组成后院，南诏铁柱就立于前院正殿中央。令人惋惜的是，在以后的岁月中，铁柱庙终究挡不住风雨的侵袭，以及遭受一场"文化大革命"浩劫，毁损严重；但令人庆幸的是，南诏铁柱依然屹立，巍然如初。1978年以来，在政府和民间力量的努力下，庙中大殿、三拱石桥、大照壁等主体建筑得以恢复。如今，一走近铁柱庙，庙门上由费孝通先生题写的"南诏铁柱"就矗立眼前，光彩夺目。庙门两旁挂着堪称清道光年间滇西一代名师的弥渡人士李彪撰写的一副楹联：芦笙赛祖，毡帽踏歌，当年柱号天尊，金缕翔环遗旧垒；盟石掩埋，诏碑苔蚀，几字文留唐物，彩云深处有荒祠。楹联亦为费孝通先生所书，字与联交相辉映，相得益彰。竖立铁柱的正殿门楣上有由古人题就的"威镇昆弥"四个大字，铁柱上方的神龛顶上挂着"标绩全滇"这块金灿灿的牌匾。

南诏铁柱又称"崖川铁柱"、"建宁铁柱"或"天尊柱"。柱体为圆柱形，黑色，铁质，实心，重达2000多公斤，高330厘米，直径32.7厘米，柱顶呈圆锥形（凹坑），深7厘米，有三个丫口，上面各伏一条木质雕龙，以一形似铁锅的铁笠覆盖。柱体背后正中有一长91厘米、宽8厘米的凸线框，中间有直行阳文楷书"维建极十三年岁次壬辰四月庚子朔十四日癸丑建立"二十二字，距今已近1200年。据说，从前铁柱左右两边曾塑有一男一女像，传说是南诏世隆与其妃子像；另一说法则是孟获夫妇像，柱前摆有诸葛武侯牌位，可惜今天都已不存。南诏铁柱是南诏国时期留下的现存稀有文物之一，反映了当时的冶铁技术水平和当时的宗教信仰情况，有着极高的史料价值，所以早在1988年，就被国务院列为全国第三批重点文物保护单位。矗立千年的南诏铁柱历经无数风雨而不倒，但在岁月的风云中，其真实身份也变得模糊不清，扑朔迷离。

从"维建极十三年岁次壬辰四月庚子朔十四日癸丑建立"这二十二字铭文来看，铁柱应为南诏遗物。"建极"是南诏第十一代君主世隆的年号，建极十三年（872年）为唐懿宗咸通十三年。这种

南诏铁柱供台

说法得到了大多数人的确认。《南诏中兴画卷》上有一幅"祭铁柱图"，其文字卷解释道："《铁柱记》云：初，三赕白大首领大将军张乐进求并兴宗王等九人，共祭天于铁柱侧。" 徐嘉瑞在《大理古代文化史稿》中也认为"此柱文字不言武侯，亦不言重铸，足见纯为世隆所立，且为唐代遗物，其可贵程度不在南诏碑之下，不必附会于诸葛亮也"。这种说法并从铁柱的功能上找到了佐证。

从史料看，铁柱又名"天尊柱"，这就说明具有祭祀的色彩，《南诏中兴画卷》的《铁柱记》

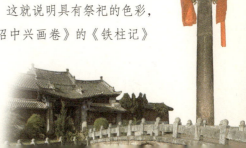

桥通庙门

也说明"共祭天于铁柱侧"。元代郭松年在《大理行记》中记道:"白岩甸西南有古庙,中有铁柱,高八尺五寸,土人贴金其上,号天尊柱,四时享祀,有祷必应。"这就说明至少在元代时,铁柱的主要功能就是祭祀了。"南诏世隆,立铁柱于弥渡,乃佛教之纪念柱,当时佛教已极盛也。"至今,在离铁柱不远的西山彝族和白族仍然保留了先民们留下的立柱祭天的习俗。每年农历正月十五,附近的彝族及白族同胞杀猪宰羊,成群结队地到铁柱庙祭扫"铁柱老祖",举行"踏歌"仪式,以敬神祇,保佑丰收。彝族人每家祖坟都有一棵"司命际"树,意即祖宗树。每当清明节上坟时,首先要在这棵树下杀鸡,烧纸钱,用鸡血来祭祀它。在祭祀祖宗前,先做好汤饭,在祖宗树前叩头祷告祭祀。然后才祭祀祖坟。这是因为在彝家人眼里,祖宗树比老祖宗还大,先有祖宗树,后才有老祖宗,所以在祭祀的秩序上,就先祭祀祖宗树,后祭老祖宗。而树与铁柱的形体是相近的,在赋予的内涵上完全等同。

一种说法是,南诏铁柱的历史应再往前推进几百年,应是三国时诸葛亮收服孟获后,平定南蛮,铸铁柱以纪功时的产物。有先人韩锡章著《铁柱辨》,认为:"铁柱在《马志传·蜀汉武侯南征》有其记载,孟获立铁柱以纪降虏之绩……则铁柱为武侯所立,固不待辨。"乾隆举人、弥渡人士李端蒙在其《铁柱庙怀古》中咏道:"丞相天威胆欲寒,边陲遗柱出林端。三师马勒铭功去,七擒碑残堕泪看。"清光绪进士、邑人邓元善《诸葛铁柱》云:"丞相南征五月中,威声远播德声隆,三分有赖擎天手,七纵宁贪略地功。"张道宗《记古滇说集》亦记载:"诸葛亮回兵白崖,立铁柱以纪南征,以张仁果十七世孙,张龙佑那领之。"赞成这种说法的人并不多,郭松年《大理行记》曰:"土人岁岁贴金其上,号'天尊柱'。四时享祀,有祷必应。或以为武侯所立柱,非也。"

因为这种说法无法解释铁柱上面所写的那二十二字铭文,于是在此基础上,衍生出了另外一种说法:南诏铁柱为诸葛亮平定南中后纪功所铸,因年久剥蚀而重铸于南诏时代。信奉这种说法的大有人在。弥渡名士、乾隆进士谷际岐在其《建宁铁柱三首》序言中写道："叶榆旧志谓建宁铁柱为蒙氏伪物，以柱中建极字乃蒙氏号耳。考通志，柱实武侯所建，至唐咸通间，蒙氏重铸，始为私更以年号，柱所在白崖赕，自唐武德间四年，置姚州都督府，已立隶之，历开元末，蒙氏虽并五诏，窃据而仍羁□□于唐，故其蒙氏之事，历历可考。今赵当更正之说，尤正为再作二首立存。"万历《云南通志》卷二之《大理府古迹》曰："铁柱在赵州南百里白崖，诸葛亮既擒孟获回白崖，立铁柱纪功，即其地也。柱年久剥泐，至唐懿宗咸通间，龙佑那十五世孙张乐进求思武侯之功，重铸铁柱，合酋长九人祭天于柱侧，是日有鸟五色集于铁柱，顷之，飞憩蒙舍酋长习农乐（即细奴逻）左肩上。众以为异，戒勿惊扰，农乐寝食唯谨，十八日鸟乃去。众以天命攸属。张乐进求遂逊位农乐。农乐不敢当，众强之，立为兴宗王，是为蒙南诏。"但这种观点也遭到了质疑，方国瑜先生在其《建极年号铜钟及铁柱概说》中就予以了否定："习农乐即细奴逻，南诏之始祖，非咸通年间人，此与史事刺谬，则诸葛武侯至白崖建铁柱之说，亦未必有据也。张乐进求会诸酋祭铁柱，细奴逻有异鬼，进求乃让位其说见于《南诏史画卷》。《记古滇说集》、《南诏野史》、《白国因由》诸书亦载之。盖因有铁柱，而附会细奴逻得国之故事，又相传张乐进求为龙佑那之裔，佑那曾受武侯封，故又附会铁柱为诸葛武侯所建而此铁柱有建极年号，故又附会为此时重建，凡此道听途说，为民俗学之资料，不足以言史事。道光《云南通志·金石门》曰："铁柱、志书以为诸葛武侯所建，至唐时重立，今以其无据不取，是也。"

在提到南诏铁柱时，容易引起一个误会。很多熟悉昆明大观楼上由孙髯翁撰的180字长联的人，以为其中的"唐标铁柱"就是指南诏铁柱，其实不然，这是一个很大的误会。南诏铁柱并非"唐标铁柱"，二者在铸造年代上相差了165年，"唐

铁柱祭祀图

标铁柱"建于公元707年，为唐监察御史唐九徵纪功所铸，而南诏铁柱建于公元872年。况且，"唐标铁柱"尽管今已不存，但在史料上记载得颇为详细。《旧唐书·本纪》："神龙三年（公元707年）六月戊子，姚巂道讨击使侍御史唐九徵击姚州叛蛮，破之，俘虏三千计，遂于其处立石纪功焉。"《新唐书·本纪》亦是如此记载。又《新唐书·吐蕃传》说："诏灵武监军右台御史唐九徵为姚巂道讨击使，率兵击之。虏以铁絙梁漾濞水通西洱河蛮，筑城戍之。九徵毁絙夷城，建铁柱于滇池以勒功。"唐刘肃《大唐新语》卷十一亦载："唐九徵为御史，监灵武诸军。时吐蕃入寇蜀汉，九徵率兵出永昌郡千余里讨之，累战皆捷。时吐蕃以铁索跨漾水、濞水为桥，以通西洱河，蛮筑城以镇之。九徵尽刊其城垒，焚其二桥，命管记闾邱均勒石于剑川，建铁碑于滇池，以纪功焉，俘其魁帅以还。……开元末与吐蕃赞普书云：'波州铁柱，唐九徵铸。'即谓此是也。"从史料可以看出，不管是"建铁柱于滇池"、"勒石于剑川"，还是"波州铁柱"、"唐标铁柱"，都没有说明是在弥渡。所以，可以肯定地认为，"唐标铁柱"不是南诏铁柱，而是为唐九徵所铸。

千年南诏铁柱因为历史的风云而变得模糊不清，但对今人来说，反而更增添了它的无穷魅力。当地人在对其顶礼膜拜之时，仍不忘给予其一个美丽的传说。相传南诏第一代国主细奴逻原是白子古国国王身边的一个牧人，但生得英俊潇洒，智勇双全。白王三公主一见倾心，无奈家规森严，一段良缘难以成全。然而三公主不死心，便与细奴逻私订终身，并相约于第二年火把节时相会。但不幸的是，白王探知了此事，定下密计，在火把节时欲置细奴逻于死地。但当细奴逻出现在火把节会时，意想不到的情况发生了。天边飘来五彩瑞气，一对金翅鸟从远方飞来，落在细奴逻的头顶上，反复鸣叫："细奴逻，三公主。"白王大惊，急问身边国师是怎么回事。国师说，这是预示两人有注定之姻缘，天意不能违。白王信其国师所言，应允了这桩婚事，并以为细奴逻为非凡之人，后把王位也传给了细奴逻。细奴逻继位后，就立一铁柱，在铁柱的顶端铸了一对金翅鸟，以表达其神奇的身世。

其后南诏第十一代国君世隆又重立铁柱，只是那只金翅鸟不见了。

【延伸阅读二】

千年铁柱

到了弥渡，首先最应该做的，就是谒见南诏铁柱庙。

把谒见南诏铁柱庙作为行程的起点，不仅仅是因为它距离县城只有十来分钟的路程，更是因为在时间的距离上，不远也不近。如果首先就去探访《小河淌水》的源头，那么就难以触摸到弥渡曾经饱经风霜的面庞，毕竟，《小河淌水》在弥渡的历史面前，显得太年轻。而如果径直就去拜访白崖古城，又有不礼貌之嫌。白崖古城太古老，弥渡的历史起点其实就是从这里迈步，贸然地闯入，浓浓的沧桑味道让人心头沉重，再去其他地方，难免带有失落的情绪，那么对这些地方就有点不公平。

可能你从各种资料上多次看到过南诏铁柱的图片，但当亲眼看到时，内心还是颇不平静。从前面打量，南诏铁柱依然鲜亮如新，光泽耀眼，令人遐想无限：在岁月的长河中，古代与现代其实并没有泾渭分明的界限，一千年的时间也很短暂，南诏铁柱就是明证，让你分不清它的真实年龄，古代与现代有了视觉上的错位，一千年的两端不过就是一节电池的两极，从正极通往负极，就在那么一刹那之间。

只有瞧其背后时，才有凹凸不平、斑驳摩挲之感，这才显得真实，不为其他，只为沧桑。沧桑是历经风雨之后的岁月沉淀，沧桑是岁月沉淀中的缕缕刻痕，沧桑是缕缕刻痕中记录的历史书页。

南诏铁柱，是沧桑的明证，也是别样的古迹留存宣言。中国的古迹留存，确实不容易。留存地面的古迹不是颜色凋落，就是锈迹斑斑，保存起来也是小心翼翼，修葺当中带着谨小慎微。对留存地下的古迹更是慎之又慎，不敢贸然出土，所以至今，秦始皇还安眠于地下。但南诏铁柱不需要细细周全的精心呵护，不需要诚惶诚恐的担忧，大大方方地往台上一站，供先人祭祀，让今人瞻仰，一站就是 1100 多年。

史载，这柱建于公元 872 年，柱后面"维建极十三年岁次壬辰四月庚子朔十四日癸丑建立"二十二字铭文也证明了这点。根据《南诏图传》中的《铁柱记》画面和文字，原柱上面驻足了一只鸟，白子国末代君主张乐进求率领八人祭莫，表示禅位给南诏国开国之君细奴逻。我们姑且不论《铁柱记》中张乐进求禅位的史实真假，也姑且不论铁柱当初所立的原因，但有一点值得注意，那就是，南诏国与白子国之间确实没有发生过战争，今天找不到任何二者有兵戎相见的蛛丝马迹。

铁柱铭文

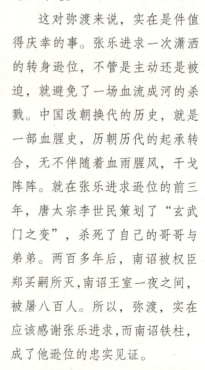

这对弥渡来说，实在是件值得庆幸的事。张乐进求一次潇洒的转身逊位，不管是主动还是被迫，就避免了一场血流成河的杀戮。中国改朝换代的历史，就是一部血腥史，历朝历代的起承转合，无不伴随着血雨腥风，干戈阵阵。就在张乐进求逊位的前三年，唐太宗李世民策划了"玄武门之变"，杀死了自己的哥哥与弟弟。两百多年后，南诏被权臣郑买嗣所灭，南诏王室一夜之间，被屠八百人。所以，弥渡，实在应该感谢张乐进求，而南诏铁柱，成了他逊位的忠实见证。

我愿意相信，这是一根祭祀

"威镇昆弥"牌匾

铁柱。在中国，一点古迹的保存，真的太难。太引人注目，时刻受人关注，成为某种文化特征的符号，对古迹来说，也是一种灾难，黄鹤楼、滕王阁的几毁几建就是明证。而古迹一旦沦落在斜阳凄草之间，无人问津，也是一种更大程度的损毁，世界上有多少古迹遗存就是在凄风苦雨中慢慢消逝。而南诏铁柱，则介于两种状态之间，偏安一隅，有点沉默，但又享受着当地人的膜拜，在香熏火燎中孤独而不寂寞，悠哉闲哉地伫立了上千年。

从铁柱庙出来，一行人余兴不减，仍在热烈讨论着南诏铁柱因何而建、有何功用等问题。后来，县委书记邹子卿先生说了一番意味深长的话，总算暂时平息了这场争论。他说，我们不管南诏铁柱在古代有何功用，但对今天来说，千年铁柱这种不倒、不腐、不朽的精神，就是弥渡人千年来的精神。想想也对，再久远的古迹终会湮灭，再辉煌的文明也会凋落，何况一根铁柱？唯有精神永恒！

【深度阅读】

诸葛城

（清）赵淳

丞相天威震古梁，远留雉堞镇岩疆。
彩云遥覆知龙卧，灌木高桥许凤翔。
尺地已非蜀汉有，遗址犹共水山长。
凭临抱膝吟梁甫，日色依依照短墙。

【作者简介】赵淳：生卒年代不详，字粹标，号龙溪，大理凤仪县人。雍正丁未进士，历官东川、鹤庆、顺宁三府教授。著有《龙溪存稿》，因贫无力付梓。其诗风格明快，语言精练。

【注释】

堞（dié）：城上如齿状的矮墙。

雉堞：传说中有孔明在弥渡筑古城一说。

铁柱庙怀古

（清）李端蒙

丞相天威胆欲寒，边陲遗柱出林端。

三师马勒铭功去，七擒碑残堕泪看。

铜表勋名俱不朽，金瓯玉叶祇偏安。

伤心岂独夔州水，落日猿声涕未干。

【作者简介】李端蒙：弥渡人，生卒年代不详，生平事迹无可考，乾隆癸卯科举人。

【注释】

铜表句：指诸葛亮的《前出师表》、《后出师表》。

夔州水：蜀汉章武二年（公元 222 年），刘备兵伐东吴，遭到惨败，退守夔州，后在白帝城郁郁而终，临终托孤诸葛亮，亮涕泪答应。

诸葛城

（清）邹祈永

雍闿何年破岭头，远遗废址老荒邱。

图南不是甘心操，殿北原因苦为刘。

桥上彩云容易故，江中赤水自长流。

登临俯仰谈擒纵，草木森森敌忾浮。

【作者简介】邹祈永：弥渡人，生平事迹不详，清朝恩贡。

铁柱庙怀古

（清）费学仁

宗盟天意蜀嵯王，此柱曾看异鸟翔。
毒手遂能并五诏，雄心远欲小三唐。
沙虫故鬼关门苦，玉笛新伶乐府凉。
惟有金茎依旧在，海田宫阙几黄昏。

【作者简介】费学仁：清朝人，生平事迹无可考。

孔明故垒

（清）张雯

未北除多难，先南伐不毛。
志坚五月渡，功就七擒劳。
赫赫天威著，亭亭铁柱高。
秋风嘘故垒，云树尚悲号。

【作者简介】张雯：字云卿，清朝弥渡人，生平事迹不详。其诗被赵淳赞为"山林雅致"。

大理行记（节选）

（元）郭松年

又山行三十里至白岩甸，其地形南北衺，大州、略与云南、品甸相埒。居民凑集，禾麻蔽野，县西石崖斩绝，其色如雪，故曰白岩。赤水江回环曲折，经于其中。甸西南有古庙，中有铁柱，高七尺五寸，径二尺八寸，乃昔时蒙氏第十一主景庄王所造，题曰"建极十三年壬辰四月庚子朔十有四日癸丑"铸。土人岁岁贴金其上，号天尊柱，四时享祀，有祷必应。或以武侯所立，非也。

【作者简介】郭松年：号方斋，生卒年代不详，元代至元年间人，至元年间任云南西台御史。曾于至元十六年（1279年）到至元二十五年（1288年）、至元三十年（1293年）六月以后两次到云南，游历了云南州、白崖、赵州、龙尾关、大理等地，留下《大理行记》、《题筇竹寺壁诗》、《创建中庆路大成庙碑记》等传世作品。

【注释】

《大理行记》：成于元至元年间，成为研究南诏、大理时期和元代初期大理地区历史、地理和社会、经济、文化的重要资料，尤其是对游历地的山川地貌及古迹的记录，对研究元初大理地区的行政区划、山川名号和地理分布有重要的史料价值，同时也体现了作者的中国历史发展整体性的思想，反映了大理时期云南的社会状况。

白岩甸：白崖，今弥渡坝子。清代避讳"白"字，改白崖为红崖。

垿（liè）：矮墙，场地四周的围墙。

铁柱辨

（清）韩锡章

赵邑之有铁柱，如交趾之有铜柱也。昔伏波将军马援征交趾，事平立铜柱以纪功，迄今人经其绩，犹颂武功于不衰。吾州治南九十里，白岩西南隅，铁柱在《马志传·蜀汉武侯南征》有其记载，孟获立铁柱以纪降虏之绩，与伏波相垿，岁久剥落，□□□咸通中白国张乐进求重铸，不忌古迹也，俗又名天尊柱，建庙其上，以祀蒙酋龙伪号景庄皇帝，与蒙诏天子同为遥祀。夫酋龙于唐，数为边患，但一臣寇耳，何得代□庙食乎？武侯历南中，遗迹多有，即如吾邑建宁城诸葛寨、孔明垒，天威逼诸胜，不一而足，则铁柱为武侯所立，固不待辨，而俗所谓天尊柱及景庄之伪号，其不为林劈佛所见斥也，几希！

【作者简介】韩锡章：生平事迹不可考。从"吾州治南九十里"，"吾邑建宁城"来看，应为赵州弥渡人。

文盛古街 Wensheng gujie

珍珠泉

（清）李元阳

泽国生民养不穷，秀泉时出在龙宫。
圆圆水泡连升上，好似珍珠满井中。

【作者简介】李元阳：见《白崖土城记》作者简介。

【注释】

珍珠泉：位于文胜古街的北尽头处，亚溪河旁，因泉中不时从泉底升起一串串大小不一的水珠，宛珍珠而得名。

珍珠泉远景

历史篇 尘匣新开处

【延伸阅读一】

文盛古街

绵延数千里的茶马古道从弥渡穿境而过，给今天的弥渡留下了一条文盛古街。

文盛古街位于密祉乡的太极山山脚下，南到凤凰桥，北至文盛楼，全长800多米，至今还住着300多户人家，1200多人。街心路面的引马石，尽管已失去了光泽，但透过那凹凸不平的路面，依稀可以看到当年马帮络绎不绝、浩浩荡荡穿径而过的宏伟景象。

古道的两旁，是鳞次栉比、层层叠叠、古色古香的古建筑。凤凰桥长桥卧波，文盛楼飞檐挑角，碧云庵雕梁画栋，文昌宫古桂飘香，魁星阁上方的"文明阁"横匾在夕阳的映衬下，熠熠生辉，光闪夺目，两边的对联写着："翰院书香取文章学士，魁星助笔盼金榜题名。"字体遒劲有力，气势不凡。街南凤凰桥头老槐树，干如虬龙但枝繁叶茂，冠若巨伞，为远来的客人完全可以遮风挡雨，乘风纳凉。特别是古街两旁那些挨挨挤挤的店铺，已被岁月的沧桑，打磨得油光水滑。触摸着那些已有着悠久历史、红漆早已剥落的门窗，甚至可以感受到一种岁月的温度，一种吆喝叫卖的喧嚣，一种车水马龙的繁华与热闹。

密祉文盛街

　　文盛古街，不仅仅是由当年的马帮构建起它全部的内涵，这里，顾名思义，其实也是文风兴盛之地。你随便叩开一扇门，也许你就敲开了一个书香世家，一段坎坷的历史，一个文人的传奇故事。从这里，现在世人所知道的是，走出了清乾隆年间辛卯科（1771年）武举人刘世英，走出了咸丰年间乙卯科（1855年）举人张思颜。如果你对这两个人还比较陌生的话，那么你对那首享誉中外的《小河淌水》应该不会陌生，而《小河淌水》的作者尹宜公小时候的家，就在这密密麻麻的门窗之间。

古道小巷

　　在文盛古街的旁边，有一条清澈的小河，这就是亚溪河。现在，很多人相信，亚溪河就是《小河淌水》的母亲河。她从太极顶山麓流淌而来，经过桂花箐桂花的熏染，带着香气，流淌到了尹宜公家的门前，给了尹宜公以无穷的灵感，于是有了这首著名的"东方小夜曲"，于是，在龙凤桥的一端，一座两层的亭楼里，挂着一块"小河淌水"四个大字的匾额。

　　亚溪河旁，有一口水质清冽、甘泉涌动的清泉，这就是著名的"珍珠泉"。在太阳的照射下，一串串大小不一的水珠，从泉底徐徐而升，宛如被金线串起的珍珠，灿若星辰闪烁，美似珠宝生辉，于是当地人便称之为珍珠泉，并赋予了其种种神奇美丽的传说和故事。清末贡生李元阳在其《珍珠泉》中有"圆圆水泡连升上，好似珍珠满井中"的诗句，形象地描绘出了珍珠泉水珠升腾的奇观。在通往珍珠泉的石板古道上，随时可见到去珍珠泉汲水的密祉姑娘。那清脆的话语，那悠悠的扁担，那闪闪的长辫，让人感觉韵味悠然，使人不自觉地想起《小河淌水》中那位痴情的阿妹。据专家考证，珍珠泉富含各种矿物质，且含量适中，是做豆腐的最佳用水。所以到文盛街，一定得品尝一下文盛豆腐。文盛豆腐以味道本色，质地优良，颜色正宗而享誉于世，历史悠久，早在明朝时，就已声名远播，远近闻名。

　　文盛古街，穿越时空的浩渺，沉淀下来的，是斑斑古建筑的厚重与沧桑，是漫漫古道的意蕴与悠然，是漫步其中的平静与安详。

历史篇　尘匣新开处

【延伸阅读二】

只是一个过客

的确，密祉的文盛古街是一条值得大书特书的古街。

弥渡，从遥远的白子古国走来，有着悠久的历史文明和灿烂的文化，曾经在云南显赫一时的南诏国也只是它的后辈。但就是这样一个统治滇西，甚至统治今天云南版图近千年的白子古国，随着南诏国的崛起，迷一样地消逝得干干净净，不留一点痕迹，留给数百年后后人的，是一片已化作百亩良田的白崖古城废墟。弥渡的历史，也随着白子古国的消逝，而沉寂上千年。但弥渡的古代历史，在明清之际，由于一条由马帮践踏出来的古道，又重新进入历史的视线。绵延数千里的茶马古道从弥渡穿境而过，给弥渡带来了大量的外来人口，特别是汉族人口，随之而来的，是大量外来文化的进入。于是，从这里，仅从明嘉靖年间算起，就走出了26位进士，148位文武举人，弥渡因而也有了"文献名邦"的美誉。而茶马古道沉淀给弥渡的，就是文盛古街。所以，文盛古街顺理成章地就承担起了搭建弥渡古代末期厚重历史的重任，与千年前的白子古国遥相呼应，构成了内在的逻辑关系。如果说白子古国是弥渡古代文化的逻辑起点，那么文盛古街就是弥渡古代文明的逻辑终点。

今日古道马帮

文盛古街，不长，南起凤凰桥，北至文盛楼，全长也就只有800多米，但这对脚步匆匆的赶马人来说，已经足够。赶马人从普洱远道而来，一路鞍马劳顿，走到这里，让马在亚溪河里痛饮一番，拍拍身上的衣服，抖落一下身上的尘土，走进古街，采办一些在漫长古道上必需的生活用品和马饰品，然后一身轻松地走进一家餐馆，舒舒服服地饱餐一顿。像这样惬意的时刻，在漫漫古道上，并不多，大多时候，是风餐露宿的艰辛。天快黑了，索性就在古街上找家客栈，痛痛快快地住上一晚，明天清晨赶路也不迟。晚上，可以感受一下密祉的花灯，可以听听缠绵的弥渡山歌，还可以看看婀娜的弥渡媳妇。

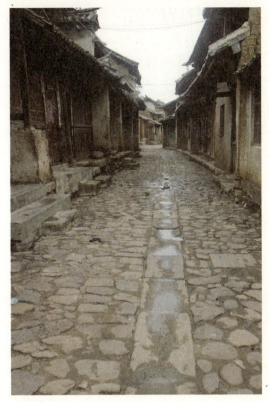

古道沧桑

走进文盛古街，便感受到一片浓浓的古意。街心路面的引马石，已深陷地中，一看就知，这是马蹄长年累月践踏的结果，尽管已失去了光泽，但透过那凹凸不平的路面，依稀可以看到当年马帮络绎不绝、浩浩荡荡穿境而过的壮观景象。古街的两旁，是鳞次栉比、密密麻麻的古建筑，没有深宅大院，没有古刹名寺，只有经过岁月沧桑而变得油光水滑的商铺。这与茶马古道上的一些古镇有很大不同。古镇通常有比较齐全的小城市功能设施，更重要的是，古镇上往往有链接茶马古道贸易的重要内容，剑川沙溪古镇之所以成为茶马古道上一个重要驿站，很大一部分就是因为那里产盐，而盐又是茶马古道上贸易内容最核心的东西之一。文盛古街，没有茶马古道上贸易所需的内容，但硬是以一种别致的方式，成为茶马古道上的一个驿站。文盛古街的方式很简单，就是让远途劳顿的马帮在这里停下匆匆的脚步，让人与马都得到一次彻底的精神休憩，所以，大大小小、挨挨挤挤的店铺应运而生。触摸着那些红漆早已剥落的门窗，甚至可以感受到一种岁月的温度，一种吆喝叫卖的喧嚣，一种车水马龙的繁华与热闹。所以，文盛古街，本身

历史篇 尘匣新开处

就是一个传奇。

古街的尽头是文盛楼。当年修建文盛楼的先贤们怎么也没有料到，文盛楼没有招徕太多的文人雅士到此登临，却盛满了一楼弥渡媳妇、阿妹们的幽怨与企盼。茶马古道从弥渡穿境而过，对弥渡的女人们来说，难以说得清是幸还是不幸。那清脆悠扬的声声驼铃，给这里带来了商业繁荣的同时，也唤醒了弥渡男人心底那遥远的梦。为了生活，也为了那埋在心底最深的渴望，弥渡男人决然牵出了自家的那匹骡马，从此加入了浩浩荡荡的马帮队伍，踏上了风雨兼程的漫漫长路，留给女人一脸的无奈与忧伤。既然无法挽留住男人的出行脚步，弥渡女人无奈，只好送别，缠缠绵绵地送了一程又一程，最后送到文盛古街的尽头，强忍泪水，就此挥手离别。前方是空旷的一片，风有点寒，男人有点怜悯女人，硬下心肠，叫女人就此打住。女人打住了自己的脚步，但打不住惜别的目光，于是心急火燎地爬上文盛楼，极目远送男人的长长背影，直至远际的黑点慢慢消失。女人的视线终于回到眼前，但已是泪眼盈眶。在女人的眼中，远方，是山高水长的跋涉，是风餐露宿的艰辛，是长年累月的无穷思念。

送别的女人终于恋恋不舍地下了文盛楼，开始了漫长的寂寞等待，掐指计算男人的归期。归期临近，女人的心如临春之花开始了萌动。房外那时不时的马铃，成了撩人的催化剂，明明知道不可能是男人归来，但还是忍不住推开窗，探出头，看看那远处的马队中是否有自己魂牵梦绕的身影。这种感觉随着男人归期的迫近而变得越来越强烈。于是，女人由企盼变成焦急，由焦急又变成企盼，望眼欲穿，但远行的人就是没有归来。最后，焦急中的女人，顾不上女人的矜持与羞涩，又登上古街的文盛楼，翘首企盼归人的归来。但络绎不绝的身影总是令女人的目光黯淡，无休无止地重复着冯至那一句经典的诗句：我不是归人，是个过客。

李文学 Li wenxue

李文学起义遗址

在弥渡，有一个响当当的人物，几乎无人不知、无人不晓，这就是清咸同年间的"夷家兵马大元帅"——李文学。今天，其起义的地方已成了弥渡人民一笔宝贵的财富，1965年，被列为第一批省级重点文物保护单位。

李文学起义遗址位于牛街乡瓦卢村后的天生营顶峰，海拔2784米，距离弥渡县城100余公里，主要包括天生营、帅府、龙王庙和大青树四个部分。主峰上的天生营是李文学起义誓师地，地势险要，现仍保存着义军当年起义所建立的水城、旗墩、战壕等遗迹。

帅府位于南距天生营20余公里的密滴村，是起义的指挥部，为上下两院民居建筑，占地545平方米。李文学起义后，被推举为"夷家兵马大元帅"，建立了农民政权，将汉族地主李平阶的住宅定为帅府，很多重大的决策就从这里发出。位于帅府南侧不远处的龙王庙，为义军首领的重要住所。庙内有一长联，写得气势不凡，现已成为李文学起义遗址中不可分割的一部分。联为："胜地出清泉，看东依泰岳，西扼文峰，南绕寿星，北旋奎宿，更见象鼻左伸，狮岗右立，此千古奇灵，共荷崖穴吐珠，天池泻玉；斯民沾惠泽，喜春翻桃浪，夏凝柳汁，秋香菊绽，冬滚雪花，且觉石门荫销，铁柱封高，这一方乐利，咸歌丹纱绥算，栏井熙丰。"横幅是："熙世伦才"。大青树位于龙王庙前，是当时义军训练和集结的场地。

以李文学为首的哀

李文学纪念碑

牟山区各族农民大起义，延续了20年（1856—1876年），建立的农民政权也坚持了18年（1856—1874年），历经艰苦奋战，控制了今属弥渡、南涧、南华、楚雄、双柏、景东、镇沅、新平、元江、墨江等10个县的全部或部分地区，总面积达3万多平方公里，人口达50多万，其规模之大、影响之深，在云南彝族史上绝无仅有，在云南地方史上亦属罕见。它与当时大理杜文秀起义，汇成了云南各族人民反对帝国主义列强入侵和反对清朝统治的人民大起义，强烈地震撼了清王朝的统治地位，给了本已行将就木的清

李文学起义遗址

廷强力一击。又这场起义牵制了清政府的部分力量，给了太平天国运动强有力的支援，所以也是中国近代史上以太平天国运动为中心的全国第一次革命高潮的重要组成部分。与此同时，因为建立了较完善的军政权力系统和较完整的政权机构，促进了各民族之间的相互交流，加强了各民族间的相互了解，为促进中华民族的大融合做出了杰出的贡献。

自古英雄，不问出处。李文学，又名李正学，于1826年出生于牛街乡瓦卢村中一个十分穷困的彝族家庭。出生时，其母迫于生计，忍痛欲将他遗弃。康朗村大地主王厚堂以长到10岁当长工为条件，每月资助他家少许谷米，李文学才得以存活下来。10岁时，不得不履行协议，到王家开始了当牛做马的长工生涯。其间，起早摸黑，放牲口、盖房、铺路，打杂跑腿，还时时受到欺凌和虐待。也许就是这样的环境，催生了李文学日后起义的种子。尽管吃不饱、穿不暖、住草窝，可李文学还是慢慢地长得强壮高大，体宽膀阔。除了替地主干活外，他还热心帮助穷苦人家，遇到穷苦人有难，常打抱不平，拔刀相助。为此，附近众多穷人，对他无不喜欢，无不钦佩，这也为日后一呼百应、云集响应的起义奠定了群众基础。

清咸丰五年（1855年），天大旱，官府催粮，地主逼租，贫苦农民处于一片水深火热之中。李文学在有着太平天国背景的王泰阶、李学东的引导下，于1856

年5月10日（清咸丰六年阴历四月初七）率五千余人在家中后山天生营誓师起义，提出了"铲尽满清赃官，杀绝汉家庄主，杀光汉家庄主，共同战斗，誓同生死，有福同享，有祸同挡，违背此盟，天人共戮"的政治口号，率队杀向蜜滴下村（今牛街下村），夺取了一些庄主住宅，建立了夷家兵马大元帅府，李文学被推为"夷家兵马大元帅"，为此，一场浩浩荡荡的彝族农民武装反清起义拉开了序幕。

为巩固起义成果，李文学采取了一系列措施，制定实施了一套较完整、正确的政治纲领和政治措施。在政治上，提出了"铲尽满清赃官，杀尽汉家庄主"，"至公至正，救国救民"等口号，推行"官吏有私扰民，可斩之不赦"等从严治吏的政令，始终注重与劳动人民的鱼水关系，赢得了各族群众的拥护和支持。在军事上，实行"十八、四十龄之间男女必练以战阵，战则集之，不战则耕"的建军方针，不仅建有庞大的常备军，而且还寓兵于农。又制定了起义军北联大理回族起义军杜文秀、南结按板哈尼族起义军田四浪的策略，团结彝、汉、回、苗、哈尼、傈僳、傣、白等民族共同反清。这导致起义队伍迅速壮大，先后建立了8个都督府，控制了哀牢、蒙乐、六诏山等的大部地区。在经济上，实行军耕、薄赋等政策，"庶民原耕庄主之地，悉归庶民所有"；发展农、牧、纺织生产；没收豪绅经营的盐井，铅、铁矿厂；发展商业贸易。

1872年，清军对起义军发动了猛烈进攻，李文学率3000余军赴大理援杜文秀军，兵败，退南涧，但不幸被叛徒出卖被俘，后被清军凌迟处死于南涧"乌龟山"，壮烈牺牲。起义上将军李学东率部坚持战斗到1876年，最后病死在山中，宣告起义失败。李文学牺牲后，哀牢、蒙乐、六诏等地区的各族起义群众，"老

起义军议事处牛街龙王庙

历史篇 尘匣新开处

幼皆嚎歌山野"，弥渡贡生夏正寅撰联云："十八载厉马磨刀，当世英雄，志在灭清兴汉，完整河山成一统；千百户馨香俎豆，今日人民，心存覆浪翻江，口碑清史颂达人。"相传夏正寅曾经在李文学帅府中做过幕僚，现今很多起义的人物和故事就是从其所著的《哀牢夷雄列传》中出来。

以李文学为首的哀牢山区各族农民大起义，虽然最终被清政府血腥镇压下去了，但意义非凡，与同期的杜文秀起义一样，在中国近代史上留下了不可磨灭的篇章。1974年，李文学彝族农民起义遗址纪念碑高高耸立在天生营峰巅上。

【延伸阅读】

为他鞠躬

弥渡是书写英雄的地方。清咸同年间的李文学，与弥渡一千多年前的白子古国之间，仿佛冥冥之中有着某种内在的联系。

白子古国庇护了弥渡这片土地上千年，一度使这里祥和一片，歌舞升平。为了百姓安康，张乐进求不惜以逊位的方式终结张氏白国的千年根基。而李文学，起义的出发点也是想领着一群穷人，跳出饥饿的苦海，找回曾经属于他们但逝去了的乐土。所以，李文学与白子国在心理结构上趋于一致：福佑弥渡这片乐土。李文学与张乐进求，放在时空的这个大隧道里，都是英雄，尽管方式不一样。

李文学遗址在牛街天生营。终于到了牛街。李文学起义遗址主要由天生营、帅府、龙王庙和大青树四大部分组成。起义誓师地天生营距离起义指挥部帅府有点距离，在地势险要的天生营巅峰。如今，义军当年起义所建立的水城、旗墩、战壕等遗迹仍在。

的确，李文学是让人值得怀想与纪念的。首先，李文学起义尽管坚持了二十年，控制的区域面积也不算少，但其控制区域内的文化遗存并没有受到多大程度的破坏。姑且不论其是有意还是无意，做到这一点真的殊为不易，值得称赞。中国历史上的历代农民起义，大多是以地面显性文化遗存的损伤甚至毁灭为代价。项羽进咸阳，举着几个火把，就把杜牧眼中美轮美奂的阿房宫烧成一堆灰烬。轰轰烈烈的太平天国运动，所到之处，大多意味着显性文化的伤痕累累。李文学虽是一粗人，但在对文化的态度上，不管是对地主的建筑文化，还是对遗存古迹，都能投以一种宽容的眼神，渗透出一个只有文化人才具有的文化审美倾向。当然，我想这一定与他身边的两个人有关。一个是引导他起义的王泰阶，一个是他的幕僚夏正寅，前者是落魄秀才，后者也是一恩贡。其次，李文学的足迹没有踏出过滇西一步，但视野却远远地超出了他的脚步。起义一开始，他就看到了杜文秀。这是一个很值得肯定的具有高瞻远瞩性的正确战略决策，没有这一与杜文秀联合的策略，起义能否坚持二十年就成了疑问。更重要的是，李文学看到了各民族之间的平等，把彝、汉、回、苗、哈尼、傈僳、傣、白等民族团结在了一起，展示了一种很前瞻性的远见。再次，作为一支起义军的领袖，李文学缺少了一种政治家的手腕与心机，与当时的洪秀全、杜文秀相比，实在不能相提并论。但他的可爱之处也就在这里，简单而单纯，朴实而厚道，从始至终，展现出的全是一个农民的淳朴本色。所以，在后面义军面临生死存亡之际，他觉察不到身边的各怀鬼胎，暗流涌动，杀机重重。所以，当他独自一人率领三千人马赶赴大理援助杜文秀军，而留下副参军刘炳贤留守帅府时，就注定了有去无回的命运。所以，最后由于刘炳贤的泄密，叛徒的出卖，而身首异处，魂断他乡。深究起来，李文学的死，不是死于部下的不忠不义，而是死于一个朴实农民的厚道本色。

所以，在李文学纪念碑前，后人有足够多的理由虔诚地鞠三个躬，来表达敬意。

【深度阅读】

李文学传

（清）夏正寅

李文学，又名正学，瓦卢村人也。其祖姓字，小李自摩村人氏，乃"拉罗罢夷"。旋入赘舍苴地村之李姓，遂姓李；李姓，"罗罗濮夷"也。文学之母，乃瓦卢张氏，南诏王之苗裔，亦"罗罗濮夷"也。张氏孕文学九月，临产期，家无隔日粮，返娘家借粮不获，途中产文学，苦无以养，弃之洞而去。适有路人王某闻婴啼，遂拾养之，期月归其母，赍米五升，约待文学长，当为其佣。文学甫十龄，即作王某之奴仆，役二年，始完昔日赍米五升。后即入蜜滴潘云家当奴仆，备受鞭笞之苦。潘云溪乃文学之庄主，南山之豪强，以学之父阿成欠其租，遂强之去以役代租，文学母泣送之。

文学家五口，年收荞石余，租四斗，余不足为生，多赖乃父猎食。乙卯天旱，五谷不收，庄主逼租，皇差索粮；文学父，终日猎，不足完租粮，旋为野兽所伤而死。文学母悲不自胜，遂服毒拟自尽；文学闻之，急潜归视，不图已为堪舆王泰阶解活。文学泣谓泰阶曰："幸王地师活我母，徒以租粮逼甚，复何活，奈何？"

王泰阶曰:"不活者,非独汝一家耳,哀牢诸夷不活,天下生灵不活;满贼不灭,庄主不除,汝与夷众,当生生世世为满贼之奴仆,汉豪强之牛马。"文学曰:"王地师之言是也,然则,当如何?"时王泰阶之徒李学东在侧,慷慨而言曰:"与其为奴仆马牛而不死不活,不如拔刀而起,杀满贼,戮庄主而不活。实则,此乃唯一之活路耳。方今之世,哀牢诸夷,莫不怨庄主;天下生灵,莫不恨满贼。苟君能振臂一呼,非仅哀牢诸夷闻风响从,且天下生灵亦必归附,君何虑之有?我与王地师已为君筹之久矣。君为首,杞绍兴、鲁东应、徐东位、杞彩顺等必从之;且杞彩顺已获两千之众,王地师可往说其归附。我与王地师,誓随左右,供驱策,万死不辞,君宜速决。"文学愤然而起曰:"我必杀满贼,手刃潘云溪,为我南山诸夷除害;今既有王地师为我师,学东弟为我助,我何惧哉?"

丙辰夏四月七日(咸丰六年,1856年5月10日),李文学率王泰阶、李学东、杞绍兴、徐东位、鲁东应、鲁得盛、罗自美、李学明、字安东、字阿乌、鲁发美、阿里白、笪荆、李明学等,偕夷众五千余人,相聚于瓦卢后山天生营,誓师起义,共戴李文学为"夷家兵马大元帅"。李帅即擢王泰阶为参军,运筹帷帐;杞绍兴为副参军佐之。加李学东为上将军,统诸将士,驰骋疆场;鲁得盛为副上将军佐之。王泰阶秉李文学,李学东与诸将士卒夷民之意,而草檄文曰:"我哀牢夷民,历受汉庄主欺凌,僻居山野,贫苦为生,几十世矣。自满贼入主,汉庄主与之狼狈为奸,苛虐我夷汉庶民,食不就口,衣不蔽体;白发爹娘,呻吟于床;幼弱子女,扶门饥啼。方今刃及颈项,岂容奢冀免死?矛逼胸膛,何望乞怜求生?本帅目睹惨状,义愤填膺,爰举义旗,驱逐满贼,除汉庄主。望我夷汉庶民,共襄义举,则天下幸甚!我哀牢庶民亦幸甚!"师既誓,齐驱蜜滴,擒汉豪强潘某、李某、白某杀之,收积粮万石,银万两,金千两,悉入帅库供粮饷,帅不私之。

李帅起义之日,众皆大呼曰:"铲尽满清脏官,杀绝汉家庄主。"未及旬日,哀牢、蒙乐、六诏之夷、汉、苗、回、傈僳庶民,咸操刀持矛来归附,复得四千之众,声势益壮。时有草盖文生刘柄贤来附,毛遂自荐,自负有良、平之才。李帅顾谓诸将曰:"刘阿柄有才略,今来归,可用乎?"鲁得盛曰:"阿柄,奴才耳;昔攀附潘、李、白等庄主,乞求钱财,非应试之资,不得垂青,怨之而来附;彼观我众而来,见我势孤必去,不可用之。"李帅曰:"鲁将军之言固当,然彼窘来附我,我辈正用人之际,若绝之,恐后者望而却步,姑用之可乎?"字阿乌曰:"阿柄,汉人也,可逐之。"李学东曰:"王参军,汉人也,彼与我同心,我夷爱之,我帅任之,曷言汉人必逐?阿柄苟与我同心,齐驱满贼,何不用之。"李帅遂加之为副参军。

是月，满军二万余众寇榆，王泰阶倡议急援杜文秀。李文学纳之，集众将，共议出师之策。刘柄贤曰："满贼轻敌，图直驱榆，必不我备。吾帅可率李学明、罗自美、字安东三将军，领三千士卒，出红崖、定西岭之险要，侧击之。我随李上将军、字阿乌将军，率千人渡江，越龙潭山，出澜泥箐，起瓦黑井附近之夷众，伏天子庙、英武关之山谷间，侧击之。敌见后军动，则无心在红崖久战。若此，帅即可取胜。杞副参军与杞彩顺都督，有同宗之谊，可率徐东位、阿里白两将军，往说杞彩顺都督附我，则可得二千余众，从象鼻岭渡江而东，直驱鹿城，牵制贼军西援，则上将在英武关可取截击之胜。惟杞副参军攻鹿城，不可强取，只宜佯攻，以免徒耗兵力；若守军弱，则可取之，收其军械，待其西上败军退回，即可弃城而返。王参军可统鲁德盛将军、鲁安林将军，领二千众，坐镇蜜滴帅府，静待我帅凯旋。"

夏五月二日（6月4日），李文学三路击满军齐出。蜜滴距红崖三日程，李文学率师渡江北上，兼程急进。三日晨黎明，军次红崖，杜军已被困三日。李军直闯贼阵，文学亲杀满军统领。贼遂溃，死伤五千余，退至英武关，遭李学东截击，复死伤五千余。杞绍兴得杞彩顺之助，共驱鹿城，五日晨克之，尽收贼军械与城绅财物，由阿里白督运归。杞绍兴、杞彩顺、徐东位则率军千人，西上四十里，伏于大石铺、清粮哨之山谷间。七日满贼残军败回，复遭伏击，怆惶逃遁，不能战，死伤二千余。

满贼既溃，杜军围解，李帅乃赴榆，晋谒西平王杜文秀大元帅。杜帅郊迎五里，挽李帅臂而言曰："蒙乐、哀牢、六诏诸山之夷望，咸归将军；今将军以二千之众，破满军二万余，满贼震恐。我因将军之助，危得解，声势益壮。望同心协力，齐驱满贼，则汉、回、夷生灵，可得以安。"李帅曰："我蒙乐、哀牢、六诏之夷众，历受汉庄主之欺凌，满贼至，更变本加厉，自恨起义晚，不及早除贼。今有大王并肩除贼，何攻不克；大王向东进军，我必策应之。"杜帅乃加李帅为"第十八大司藩"，镇守蒙乐、哀牢之地。

五月中旬，三路夷军，陆续回至蜜滴，李帅择汉庄主李平阶之宅为帅府。李学明、字安东于某日谒刘柄贤，李学明曰："满军势大，有直捣杜文秀巢穴之势，杜军莫能与敌。若非我李帅星夜驰援，则下关不守，榆城不保，杜帅安能高坐苍洱为王。我李帅救杜帅于垂危，功高于其十七大司，何不认我帅亦为王？而仅加我帅于其诸大司之末，我甚为夷家耻之，刘副参军之意如何？"刘柄贤曰："容我先聆字将军之高见。"字安东曰："杜帅亦王，安能加我帅为王？此不必计较。杜帅乃自称，我李帅亦可自称之。惟杜帅未免小器，我李帅功高至此，仅教我守

历史篇 坐匪新开处

蒙乐、哀牢尺寸之地，何不让蒙化、红崖予我守之？汉、满、回皆欺我夷，我甚愤之。"刘柄贤曰："两位将军勿躁，来日我等先访杞副参军言之，旋访王参军、李上将军言之，复请李帅会集诸将议之可也。"

次日，刘柄贤、李学明、字安东齐访杞绍兴，杞彩顺、阿里白亦在侧，李学明、字安东先陈其意。刘柄贤曰："字将军之言有理，杞副参军可纳之而商之于王参军与李上将军，复请之于帅。"杞绍兴曰："义初起，民心未固，竟自称王，争蒙化、红崖之地；非仅力未及，恐伤夷、回两家和气，为满贼所乘，殊为不当。"刘柄贤曰："杞副参军之言固有理，然所言民心未固，则非也。盖自蒙舍移祚，迄今八百余年，夷家无主，如群龙失首，颠沛流离；若李帅为王，夷众可展数百年之眉，莫不加额庆幸，何言民心未固？彼可王，我亦可王，何必受其藩封。蒙舍城现复为满军所据，我以三千之众，即可取之；则我乃得之于满贼，与杜帅何涉？诚如字将军所言，蒙舍本夷家故地，今自取回，名正言顺，失和无由。且杞副参军与杞都督，皆乃蒙舍王之胄，取蒙舍，回故里，为祖宗争光，理所固当，幸熟思之，而陈之于帅。"杞彩顺顾谓杞绍兴曰："刘副参军之言甚善，当请之于帅，即行正大位，然后取蒙舍城为王宫。我兄弟二人，应戮力为前驱，复我祖宗故地。且起义乃我杞某远在杜文秀之先，倘彼不服，当取苍洱，还我祖宗故郡。"杞绍兴默然良久而言曰"若然，则当与王参军、李上将军议之。"李学明曰："勿须周折，可直陈于帅，集诸将议之可也。"杞绍兴乃将此意达之于帅，李帅遂集诸将议之。李学明、字安东、杞绍兴、杞彩顺等，先各陈其意。李学明复言曰："汉受满欺，转而欺夷、回；回受满汉欺，转而欺夷；夷，最下也；今仍受回之制，我实为夷耻之；愿我帅为王，则可雪数百年之耻。"李学东起而作色言曰："吡！倘吾帅为王，草寇王耳，从之者二三；吾帅为帅，为民除暴谋利，则无论汉、回、夷之民，莫不争附之；为王为帅，幸吾帅慎择之。我夷固世受欺凌，然雪耻之道，不在急于自王；光宗之方，不在得蒙舍、苍洱区区之地；贵在得民，有民何患不王；苟无民，虽王亦亡，愿诸将军勿急于一时之利害而忘大计。刘副参军之高见，貌似爱夷，然实则害夷耳，幸熟思之。"王泰阶曰："我王则杜帅不我合，将为敌所乘，蒙舍、白崖、云南驿、镇南、楚雄诸地，论我力，何不可取，实难守之也。朝取之，夕失之，徒耗兵力自戕耳。我力尚弱，宜避敌锋，可截击渐折其力；正面迎敌，不得已也。今之计，要在养民，实府库，修武备；固守礼社江之西，经略哀牢山迤西之地，尽缅、暹、交趾之边陲，拓地千里，得米、盐、铁之利；则库可实，民可养，武可修，有此之基，而后举兵东向，偕杜帅合力击满，则满可除，民可安，我何患于区区一隅之王？复何患于祖宗之光不争？夷耻之不雪？"

鲁得盛曰："刘阿柄！尔为副参军，所参何事？几误我帅，王参军、李上将军之言，乃至理名言，望我帅纳之！"李文学曰："刘副参军与李、字、杞诸将军之意，皆为夷众，只所见不远耳；今既有王参军、李上将军之远识，当纳之以罢称王之议，来日复议大计。"

次日，李文学集诸将议大计。王泰阶曰："今当暂订帅府职制，驻守要地者为都督，各有副将军佐之；在帅府者，文为参军，武为将军，各有副者佐之；武之最高者即以上将军名之，并与参军合统各都督。"众从王泰阶之议。徐东位来右都督，字安东为副将军，守鼠街、龙街及蒙乐山以西保甸之地；杞绍兴为副参军兼左都督，字阿乌为副将军，守南涧、猫街以及蒙乐山之首公郎诸地；杞采顺为南都督，其弟杞彩云为副将军，守阿雄、西塞露诸地；王泰阶为参军，杞绍兴、刘柄贤副之；李学东为上将军，鲁得盛副之；李学明为右将军，鲁发美副之；罗自美为左将军，李明学副之；鲁东应为督粮官，阿里白、笪荆、鲁安林副之。鲁得盛曰："帅府得养常军二千，都督府养常军一千，常军总数不得逾五千；收庄主田亩耕之，则军不忘农，可以战；粮不全取于民，民得以养。十八、四十龄间之男女，必练以战阵，战则集之，不战则耕；男任战，女任运，男女各有其职，力可专。"杞绍兴曰："王参军、李上将与我常言致富强兵之道，首在养民；山野养民之道，在薄粮赋，重农、牧、纺、猎，今急宜行之。我等倡议：帅府督府近郊之庄主田亩，悉收为军耕；庶民原耕庄主之地，悉归庶民所有；免租薄赋，按岁所获，课赋二赆，荒不纳，民多则府多，民少则府少；若然，则民乃力耕，民不损，府不少。满贼断我盐铁，庶民苦之，我必励我民以事牧、纺、猎，由帅府总收皮、毛、麻、麻布与汉商贾易盐铁，则府之用不取于民，而民得利，三载之后，民富而府实矣。"众皆曰："善！"李帅曰："即由杞副参军、鲁东应将军督行之，吏有私扰民，可斩之不赦。本帅与夷汉贫户，同受满贼汉庄主之苦，今岂能容我司吏扰民乎？"庶民闻得庄主之地，不纳租，薄赋二，荒不纳；皮、毛、麻、麻布，售之于府而得盐铁之利，皆相聚而喜曰："不图今日复见天日，德勒米可王矣。"汉庶民，初惶于夷或祸汉，及闻府政不别夷汉，汉夷同利，皆曰："夷不暴，暴者乃汉庄主与皇清耳。"

丁巳（咸丰七年，1857年）夏六月上旬，王泰阶率罗自美、李明学千人出鼠街，取者干诸地。李学东率鲁得盛、鲁发美千人顺江北上会杜军取蒙舍城，并命杞绍兴由猫街北上会袭南涧。杞彩顺自西塞露沿江南下取碍嘉城。帅府诸将四出，刘柄贤乘机唆同李学明复促李文学正大位哀牢王，并纳汉庄主潘云溪之堂妹为王后。李文学初不从，经几番劝进，乃为其所动而言曰："王参军、李上将军及诸将士远出征战，惟徐都督尚近，可召而议之。"徐东位既至，乃进言曰："正大位之事，

历史篇 坐匦新开处

早已作罢，今欲复议，须待诸将军归。"刘柄贤曰："出征士卒多夷众，若闻吾帅正大位，必益戮力攻战，可速出征诸将军之［攻］城，不亦善乎？"李学明曰："诸将士夷众，欲我帅为王久矣，惟王将军、李上将军阻之耳，今乘其远出，即速为之，加王参军为丞相，彼等即无言。"徐东位曰："王参军必不为相，刘副参军自为之可也。"

戊午春二月八日（咸丰八年，1858年3月22日），乃夷俗盛节，刘柄贤乃草正位诏，并致书杜帅，择于是日正位吉席。是日，李学东凯旋归，适下骑不暇憩，即入帅府，掷甲于李文学之前，大怒曰："我帅王与不王，名也；今必欲王之而后快，姑王之可也；潘氏女，乃敌之女，何得而妻之？帅与敌为亲，是即远疏众庶也；众离，我帅可得而王乎？是何愚之甚也！"复顾谓刘柄贤曰："吾帅拥蒙乐、哀牢、六诏数十万之夷众，王亦王，不王亦王；汝为副参军，实亦为副相，而必欲为相，何不足之甚！"徐东位曰："吾帅暂可不王，潘氏女既婚，离之不当，疏其亲可也。三位将军得胜归来，我等正应举酒为将军解劳。"李文学有惭色，复罢王意，惟与潘氏女结离。

春三月，王泰阶收者干河平坝之地，得良田五万余亩，命罗自美驻者干守之。杞彩顺率千余人，由西塞露南下取碍嘉城，月进二百里，连克敌寨三十余，歼敌五百余人；及围碍嘉，有汉绅尉迟品玉领三千众据之，半载不下。王泰阶既收者干，率李明学千余众援杞彩顺，遂克碍嘉。自西塞露至碍嘉以下，广地三百余里，得溪田三万余亩，铅、铁厂各一，米铁之利初备。碍嘉乃哀牢东壁要塞，杞彩顺镇之；者干乃哀牢西壁要塞，罗自美镇之；两地均居哀牢之中段，相距二日程，杞、罗互为犄角。

夏四月，王泰阶返蜜滴，偕李学东、杞绍兴谒李文学而进言曰："礼社江畔之崖穴，多藏火硝，可命杞彩元副将军监制火药以供军用。碍嘉有汉绅原营铅铁矿，今已收之，可命杞彩顺都督集煅工广其营，制刀、枪、戈矛、弹丸、锄、犁、斧，以实军械利民耕。今急宜取哀牢产谷之区，以丰民食，实府库。"李学东曰："由碍嘉沿江而下，再收戛色、惠笼甸、磨沙、因远等地，由者干沿阁者江南下，取阔者、碧处、他郎诸地；上列诸地，皆乃产谷膏腴之区，若得之，则民丰府实。于是以礼社江为屏障，东拒满贼；哀牢山为根基，西图思、普广袤之地；则大事之基已备，可全力而东驱满贼。"杞绍兴曰："者干之地，本为田四浪所克，以其甚怒汉人，不分贫富皆杀之，守不及半载，终为满军利用汉卒为内应而失之；我帅当告诸将，引以为诫。盖汉与夷为敌者，豪强也；贫无与焉，安能不分皂白而戮之？若汉皆与我为敌，则我孤危矣。田四浪拥五千之众，据按板、九夹、恩乐、阁者诸地，我若得按板盐井，阁者田亩，则盐米之利全矣。我帅宜深结田四浪以自广，则进可图交趾、暹、缅之边，退可守哀牢之险。"李文学曰："王参军可往说田四浪，传李帅之意，加其为都督，使之来附。"王泰阶曰："彼已自为都督，何用我加之；彼势不在我下，焉肯屈膝？"李文学曰："可遣上将军夺之。"王泰阶曰："此乃自残，正满贼所望耳。"李文学曰："然则，王参军之意何如？"王泰阶曰："我偕上将军、杞副参军，亲往说之，拥其为副帅，吾帅后至与之会盟于者干，还其者干诸地，以示我诚，彼方甘与我合，共除满贼。"李文学曰："王参军之言甚善，即可行之。"

夏六月，王泰阶、李学东、杞绍兴共赴按板谒田四浪，王泰阶先言于杞绍兴曰："我与上将军皆非滇人，又不擅'卡杜夷'语，副参军宜多达我帅之意。"杞绍兴然之。既会，田四浪曰："王参军既取者干，今来何意？"杞绍兴曰："我帅命我等特来奉还者干耳。"田四浪曰："李帅非取自我，乃取之于满贼、汉庄主，并已为我泄愤，我无以为报，何云还之于我？"杞绍兴曰："李帅之众，夷也；田都督之众，亦夷也；夷皆一体，何分彼此？我李帅麾下诸将士，皆乐戴田都督为副帅，共统夷众，广哀牢以西之地，为反满之基；复举而东向，合杜帅之众，齐驱满贼，幸都督勿辞焉！"李学东曰："李帅即来者干迎都督会盟，共议除满之策，望都督屈驾一行。"田四浪曰："李帅，我阿哥也，我蠢，恨不早归之；今阿哥远来就我，我岂有不去？"遂率其副将军普顺义、伺成二人，偕王泰阶等同至者干。

夏六月二十四日（8月3日），为夷俗星回盛节，李文学与田四浪于是日会盟于者干街，偕诸将集土主庙；有牛、羊、猪、麂、鹿、兔为牲，陈列于龛前。土主神前，则插献白花树一枝，传土主神前身，乃蒙舍先王细诺逻；盖细诺逻为夷人，故夷笃敬土主神。又传细诺逻宗族之神主木乃白花树，百世不变，故以白花树插献之，此夷俗盛礼也。贡列既备，李文学与田四浪相交臂挽颈，立于土主神前。李文学誓曰："我誓与田副帅阿弟，共率哀牢、蒙乐、六诏之夷众，除满贼，为夷家除害，至死不渝。"田四浪誓曰："我誓与李帅阿哥夷家众兄弟，共杀满贼汉庄主，为夷家争气。"誓毕与诸将各食生鹿肉一块；是夜，笙弦大作，歌舞达旦。

次日，田四浪请于李文学曰："者干之地，勿还我，仍由罗自美将军守之，我欲得王参军为谋；徐东位都督，我恩乐人也，愿得其助，望阿哥许之！"李文学曰："者干诸地，副帅可纳之，王参军乃我之目，徐都督乃我之手，我无目、手，可乎？"李学东曰："田副帅之所请，非专为私也。按板为我西略之基，攻守皆须有王参军之谋，方不失利。徐都督守鼠街、龙街均乃要地，不可轻离。然鼠街在猫街、者干之间，鼠街可由宇安东将军守之，徐都督可移守者干，则北可顾鼠街，

南可援田副帅，东仍与碍嘉杞彩顺都督互为犄角。杞副参军驻猫街，亦可南顾鼠街，北辖南涧、公郎。罗自美、字阿乌两军，共与王参军助田副帅可也，即命鲁发美副将军守猫街，替字阿乌将军来受命。"李文学许之，偕李学东、杞绍兴还蜜滴，鲁发美往猫街，徐东位、字阿乌南下，徐东位守者干，字阿乌、罗自美偕王泰阶随田四浪返按板、阁者。

秋七月一日（8月9日），杞绍兴谒李文学而请曰："南涧居我哀牢之首，礼社江之源，若有失，则猫街、蜜滴震恐；猫街有鲁发美副将军守之，可无虑。我拟亲往南涧镇之，北上可援杜军于蒙舍城，南可顾猫街、蜜滴，东出云南驿亦可援杜军，西向可略缅宁。"李文学曰："南涧原有阿里白驻守，今为安全计，可提张兴癸都司为副将军往助之，可也。今王参军远离，杞副参军再去，仅李上将军一人为我耳目，我甚孤单；且李上将军劳瘁，不忍多加其辛劳，幸勿出守。"

己未（咸丰九年，1859年）夏五月，杞彩顺偕其弟彩云（亦称彩元）率二千众，自碍嘉、者龙南下戛色平坝，旬日大破尉迟军三千，将尉迟品玉受重创而亡，杞彩顺乃收戛色据之。"僰"人刀成义受满之惑，领"僰"军千人固守小帽儿山，屡出击杞军，杞军围攻两不下。王泰阶遣字阿乌自按板率千人袭刀军之后，八月中旬下之，彩顺为流弹所伤，堕涧而亡。字阿乌擒获刀成义，杞彩云欲杀之为兄长复仇。字阿乌曰："王参军之命，不许妄杀'僰'军一卒，况其首领乎？宜解往见本帅裁处。"杞彩云乃止，即解蜜滴帅府。李文学闻报，乃询李学东、杞绍兴对刀成义之方。李学东曰："杞都督在战阵为流弹所伤，堕涧而死，此不能独怪刀成义。刀成义或不欲坚与我为敌，乃受满贼汉豪强之蛊惑，畏我杀彼，我力攻之，彼当坚拒之，宜也。戛色平坝乃出米之沃地，庶民全属'僰'人，我已得之，然非我所能守之。若得刀成义心服为我守，此乃顺守，'僰'民可服，则我可进取磨沙、惠笼甸、因远诸地；否则，我寸步难进。且阁者江畔，亦多'僰'人，若闻我杀刀成义，则必叛我，为满所用。"杞绍兴曰："我帅尚欲远图交趾、暹、缅之边，若得刀成义'僰'军为前驱，彼语可通，可得'僰'庶民之助，则战可获胜。"李文学曰："杞副参军可即迎之途，代我为刀将军解绳请罪，我即后至。"杞绍兴至阿雄，即逢杞彩云解刀成义至，杞绍兴亲为刀成义解绳，跪而请曰："我宗弟彩云触冒将军，我帅深引为咎，特命不才前来请罪，我帅后即至。"刀成义曰："尊兄遭我流弹击死，我罪当死；得李帅赦免，保全性命，意已过望，我何人何劳参军远迎。"刀成义获释，骑行至琵琶箐，李文学迎上而言曰："我杞副将军，冒犯将军，李某特来请罪。"刀成义急下马跪而言曰："刀某早该闻风归附麾下，供驱策，竟敢抗拒，罪该万死，得蒙大帅赦免，宽恩已极，何劳大帅屈驾远接，刀某勿以为报，乞收留于麾下，弃当小卒，某愿足矣。"李文学曰："刀将军乃'僰'人，夷也；李某乃'罗罗濮'，亦'夷'也。我'夷'辈，历受汉满欺侮，不堪其苦，乃举义旗，除满贼，灭汉官绅，幸将军共襄义举，戛色南下之地，悉委刀将军统之；我帅府诸将士，拥将军为南靖大都督，幸勿却之。"杞绍兴曰："途中不必多谈，待至帅府再作计议。"遂齐驱帅府，宴三日，刀成义领南靖大都督返戛色。李文学痛杞彩顺阵亡，擢其弟彩云为南都督，仍驻守碍嘉。

庚申（咸丰十年，1860年）秋八月，王泰阶率罗自美、字阿乌、普顺义五千众攻他郎，克之，得碧处诸产谷之地。癸亥（同治二年，1863年）二月，攻通关哨，克之，守三年，丙寅（同治五年，1866年）春二月失之；己巳（同治八年，1869年）冬十二月又克之；西图未进；庚午（同治九年，1870年）秋九月，为满军所破，王泰阶身被重伤，死乱军中，字阿乌被擒不屈就义，普顺义战死，罗自美只身逃脱，回至蜜滴帅府，李文学闻王泰阶死，大恸几绝，不进饮食者数日，遂擢杞绍兴为参军，自此鲜出议事，文武事宜，悉委诸于李学东、杞绍兴。

壬申（同治十一年，1872年）春，满军围下关，李文学率李学明、李明学三千余，赴下关解杜文秀之危，军溃，李学明战死。李文学、李明学潜至南涧，满军悬赏擒李文学，李明学叛而擒文学献满。甲戌（同治十三年，1874年）春三月，押至牛街，凌迟处死，享年四十八（1826—1874年）。

李文学自丙辰（咸丰六年，1856年）起义，迄癸酉（甲戌，同治十三年，1874）十八年而亡，其奉己则富而粗食，贵而素服；治民则纳众议，重耕、牧、纺、猎之利，不纳租，课赋二。故自庚申至己巳[壬申]十二年间（咸丰十年至同治十一年，1860—1872年），民得小康，此非南诏后之夷属盛世欤？文学死，蒙乐、哀牢、六诏之夷众老幼，皆嚎歌山野，若非仁人，何至感人之深。

【作者简介】夏正寅（1839—1926）：今南华县人，汉族，清朝贡生。其亲身参加了李文学起义，目见耳闻，对这一运动颇为熟悉。李文学起义被镇压后，作者利用余生之年，把这一运动记录了下来，书名为《哀牢夷雄列传》，其目的主要是"哀牢诸夷雄，为民除暴谋利，不为世所知，曷可不志哉？"

【注释】

《哀牢夷雄列传》：有目录一叶，序文一叶，正文十八叶，共二十叶，然手稿现为残稿，只存二万字左右，现均存于中央民族大学研究室图书资料室。《哀牢夷雄列传》中共为十四位起义将领作了传，分别为：李文学、张兴葵、王泰阶、杞彩顺、李学东、杞绍兴、刘炳贤、鲁得盛、李学明、罗自美、田四浪、刀成义、鲁东应、徐东位。

历史篇 坐匾新开处

风景篇

相看两不厌

天生桥 Tianshengqiao

天桥挂月

（清）苏霖渤

一人劈作两人间，巍峨飞虹百尺悬。
足蹑云根探月窟，梦游仙屿忆桃源。
奔流触石惊山雨，杰阁凌霄俯鹤泉。
认取落花沿路去，豁然开处有桑田。

【作者简介】苏霖渤：字海门，号观崖，弥渡人，生卒年代不详，于雍正元年（1723年）癸卯科中举人，同年会试中进士。历任湖南、贵州主试，山西学正，刑部主事，南城御史等职。是滇中名士钱南园的老师。

弥渡天生桥

（清）赵矿

溪流宿雨未全消，洞口人家殊不遥。
混沌天开云外窟，参差石练画中桥。
鸟穿窄径窥青鬼，龙起寒潭听紫箫。
浪说桃源风味古，恰逢仙隐话渔樵。

【作者简介】赵矿：弥渡苴力蕙兰村人，生卒年代不详。清康熙庚午科（1690年）举人，曾任保山教谕。龚渤是其学生。

天生桥

（清）龚渤

长虹一跨倚空横，两岸晓光拂涧明。
洞口平铺云作嶂，山腰半落月无声。
梦茵石怪萦苔径，天教峰高远市城。
倦眼随抒看万壑，翠烟起处晚风生。

【作者简介】龚渤（1712—1759）：字遂可，号学耕，弥渡人。乾隆丙辰进士，点翰林，官侍讲学士。著有《依云楼诗文集》、《使蜀吟》、《使晋纪程》、《塞上吟》、《梅花百咏》等。

弥东天生桥

（清）石峰

桥本天生一窍通，劈开混沌势摩空。
武陵人迹双峰在，春锁桃花古洞东。

【作者简介】石峰：弥渡德苴多依厂人，生卒年代不详。清乾隆丁卯科（1747年）亚元，曾任四川纳溪知县。

【延伸阅读一】

弥渡天生桥

　　天生桥风景区，位于弥渡县城城东约四公里的山谷中，由天生桥、东峙壁、西峙壁、龙潭等构成，占地面积约614亩，属典型的喀斯特地貌。1984年，被列为弥渡县风景名胜保护区。

　　天生桥是大自然的鬼斧神工之杰作，经地壳的运动，由东西两块巨石从东西两侧双双下滑撞在一起，于是形成这天下奇观，状若古城阙，桥高56米，顶宽8.2米，长62.4米，桥孔高11.7米，跨度长26米，万花溪清清溪水从桥孔中潺潺流过，于雄奇中又寓清幽，给天生桥增添了灵动之感。从低处遥望，天生桥宛如长虹卧波，气势浑宏，啸傲天苍，昔人有诗云："天下无双境，人间第一桥"。桥谷两岸，峭壁千寻，对峙而出，气象万千，惹人遐想无限。西壁陡峭如削，飞鸟难以驻足，上悬五老石、仙人床、仙人柴等景状，千姿百态，诡异非凡，夺人心魄。

弥渡天生桥

　　人们惊叹之余，不忘给其赋予种种神奇而美好的形象名字，如五老相聚、天女散花等。石壁下端，刻有古代众多骚人墨客的题诗和题字，特别是"浩气凌空"、"人间天上"两幅题字，字迹古朴丰腴，形象地概括出了天生桥恢弘景象。东壁亦如西壁，草木难生，有"猿猱欲渡愁攀缘"之感。然大自然的伟力又给东壁塑造了数十个深浅不一、形态各异的溶洞，有老君洞、观音磨豆腐洞、石钟石鼓洞等，洞洞藏奇。观音磨豆腐洞因形而名，因各种传说而魅力无穷；老君洞深不可测，洞中有洞，仿如迷宫，至今无人走到尽头；石钟石鼓洞，乳钟林立，形态万千，真可谓洞天福地。天生桥下有一池潭，当地人称之为龙潭，四季皆清，且常年不枯不涸，与天生桥交相辉映。游人游累了，掬水而喝，那一抹抹的清凉，立散五府，沁人心脾，神智顿时为之一清。天生桥之尾有双龙海塘，水清如镜，晓风徐来，碧波荡漾，荡舟其中，美不胜收。

天生桥风景区中，庙宇、殿阁、楼台星罗棋布，儒、佛、道三教共存，始建于清雍正年间。清道光年间，开始保护培植，依高临险，攀崖凿壁，建成了五阁四殿，一庙一楼等建筑，形成了"庐从天地成奇构，窍发乾坤泻巨川。路曲偏随春树绕，寺稀端籍暮云连"的景观。据《弥渡县志》记载：清同治元年（1862年）建成老君殿，三年（1864年）建成观音阁，四年（1865年）建成玉皇阁，光绪年间建成魁星阁，十一年（1885年）建成斗母阁。民国九年（1920年）建成春秋楼、太子阁，十六年（1972年）建成三教阁等。每年农历二月十五日天生桥庙会，吸引成千上万的香客来此烧香拜佛，热闹非凡。惜经"文革"浩劫，把这"弥阳胜景，首著天桥"的古建筑群，夷为荒坡。今天所见楼阁殿宇，皆为仿古之作。

天生桥的无双胜景，吸引着无数的文人墨客到此登临览胜，留字赋诗。雍正元年举人、乡人苏霖渤在其《天桥挂月》中写道："一人劈作两人间，巍峨飞虹百尺悬。足蹑云根探月窟，梦游仙屿忆桃源。"乾隆年间进士、邑人龚渤，亦写了《天生桥》一首，对其赞赏有加："长虹一跨倚空横，两岸晓光拂涧明。洞口平铺云作嶂，山腰半落月无声。"同治年间，弥渡通判唐澍写了《弥渡天生桥二首》，其一为："长桥执卧自天生，响水潺夕入耳鸣。欲问津梁何处是，碧空高挂一轮明。"光绪十年（1884年）秋，时弥渡通判陈乔崧亦写了《弥渡天生桥二首》，对天生桥赞誉不已："不须斧凿也天成，造化何必万象悬。玉蝀岂真存胜境，银涛或尚许名川。""绝壑虹桥景色幽，洞中草木几春秋。依微古寺供欣赏，缭绕东山似旧游。"而把天生桥推向更高高度的，是雍正十一年（1733年）间任弥渡通判的屈学洙写了一篇《天生桥赋》，洋洋洒洒近千言，以奇特的想象、夸张的写法和瑰丽的语言，淋漓尽致地描绘出了天生桥的无双胜境，令人一看其文，就不禁对弥渡天生桥产生悠然向往之情。

弥渡天生桥，以其奇特的自然风光和深厚的文化底蕴，成为独具特色的一方胜境，招徕着四面八方的游客。

风景篇　相看两不厌

【延伸阅读二】

此桥只应天上有

天下"天生桥"可谓其多，只要是两山相跨的石桥皆可称之，但当你亲眼见到弥渡的天生桥，你会感慨，"此桥只应天上有"。

首先让我惊异的，是它的高度。从谷底往上瞅，感觉并不怎么样，觉得资料上所云"高耸入云"、"峭壁千寻"之类的词语纯粹有乱用之嫌。但当身登其上时，对那种感觉有了怀疑。拾级而上，我一路几乎没有停驻，直奔顶上天桥而去，已记不清爬了多久，也记不清绕了几回曲径，走得气喘吁吁，大汗淋漓。感觉走累了，于是停下匆匆脚步，往上下一看，蓦然一惊：当你走了这么久，竟然才走到半山腰！停顿下来，热乎乎的身体顿感凉意，尽管天空阳光艳艳。同行的三友人说忍受不了绝壁上的眩晕感，也就此下山。目送友人下山后，我挺了挺胸膛，给自己打气。上面，从峭壁中凿出的羊肠小道正召唤着我。

我一手抓着扶梯，慢慢匍行；一手摸着胸口，以舒缓一下自己的紧张情绪。眼睛不敢往深谷中瞧，生怕一不小心受到了惊吓，失足坠下深谷。在紧张与兴奋之余，我觉得李白"身登青云梯"的诗句仿佛是为这里所写，而不是天姥山，很庆幸自己对高度的心理承受能力竟然比预想中的要好。于惊险处，干脆就停下来，一屁股坐在石阶上，什么也不想，任涧中清风吹拂，听崖上鸟声啾啾，人生难得有几回这样惬意的时候。

终于爬上了桥巅。劳累过后而收获丰收的喜悦自不待言，但沮丧也随即而至：在山腰时还是诗兴盎然，而登上顶峰时，头脑中却是空白一片。无奈只好在桥上走来走去。

这桥确是杰作，令人不得不赞叹大自然的神奇。两块巨石不露痕迹地挤在一起，连接起两边的峭壁悬崖。在桥巅，看

天桥晨曦

不出两块岩石，只有从桥下的角度看，呈弧形的桥拱才会清清楚楚地告诉你，这座桥确实是由两块巨石"焊接"而成，一条小溪从桥拱中径直穿过。溪水与天桥，构成了和谐统一。拙朴石桥，因为溪水潺潺，就有了一种气韵；清清小溪，因为石桥厚重，就有了轻灵之感。桥下峡谷，因为两边石壁紧夹而显得深幽莫测。站在桥巅，极目远眺，整个弥渡坝子竟然不经意间就尽收眼底。

天桥胜景

下山时，并不比上山轻松，紧张情绪更甚。一步一个阶梯，两股颤颤，战战兢兢，如履薄冰，不敢有丝毫懈怠，方深深体会到，"上山容易下山难"这句民谚真是人生至理。

到达山脚，人有虚脱之感。定了定喘息不已的胸脯，坐下来，慢慢整理一下在山中的感受，再抬头看看自己已经征服过的山峰，心胸竟然为之一宽，别有一番滋味。想想先前对它的误会，心中歉然不已，再想想对它的误会，其实是对古代赞美过它的先人的误会，心中更是忐忑。先人有云："天下无双境，人间第一桥。"这语虽有点夸张，但也不是谬赞。"天下无双境"难以服众，然"人间第一桥"确也恰如其分地概括了此桥胜景。

上山时，一直想登上山巅，来不及瞻仰山道两旁的一些楼阁殿宇，心里老想着等下山时，再好好去拜祭一下，方不虚此行。但下山时，对谷中风光的兴趣盎然，再加上下坡时的紧张，竟置上山时的那个拜祭愿望于不顾，索性就完完全全地体验一下天生桥的奇与险，感受大自然的神奇造化，而不去体会蕴涵其中的深深人文韵味。其实，天生桥的人文底蕴并不缺深厚，很多文化上的名人到此之后，大多留下了墨迹，对其如此天生险境而赞叹不已，其中有一个名叫屈学洙的弥渡通判更是洋洋洒洒地写下了一篇《弥渡天生桥赋》。我觉得此文写得的确不赖，文采俱佳。大凡天下名山胜水，景随文传，文随景显，景观与人文交相辉映，相得益彰。弥渡天生桥，集二者于一身。

景区中，养人眼球的建筑并不少，一些殿阁楼宇，依山而建，依壁而立，于小巧中寓精致，于险境中寓平稳，令人赞赏。据说，景区中之所以有这些漂亮的建筑，是因为这里佛应昭然，有求必应，很多人来这里，不是为了赏景，而是为了求佛。也许你差一点就会成了虔诚的香客。

【深度阅读】

冬过天生桥

（清）熊于青

落叶霜成锦，寒流日射金。
不知桥下路，冷气入衣深。

【作者简介】熊于青：弥渡弥城镇人，生卒年代不详。清乾隆甲子科（1744年）乡试解元，官任石屏县知县。

弥渡天生桥二首

（清）陈乔崧

（一）

不须斧凿也天成，造化何必万象悬。
玉蛛岂真存胜境，银涛或尚许名川。
闼排凤岭峰青送，窗列螺山嶂翠连。
乘兴相携来一访，芒鞋踏破白云巅。

（二）

绝壑虹桥景色幽，洞中草木几春秋。
依微古寺供欣赏，缭绕东山似旧游。
千载登临推我辈，一堂啸咏聚名流。
好将胜会传佳序，不减兰亭禊事修。

【作者简介】陈乔崧：广东人，生卒年代不详。这首诗写于光绪十年（1884年）秋，作者时任弥渡通判。

弥渡天生桥二首

（清）黄玉书

（一）

百尺虹飞势突然，两岸相伴不相悬。

庐从天地成奇构，窈发乾坤泻巨川。

路曲偏随春树绕，寺稀端籍暮云连。

翘瞻五老长生聚，醉欲乘风到绝巅。

（二）

人稀地僻境幽幽，月挂桥空几度秋。

佳趣每从真里得，闲情唯爱静中游。

龙池有影双峰峙，鸿泽无声一水流。

南国甘棠留古绩，携樽共乐此生修。

【作者简介】黄玉书：弥渡弥城镇人，生卒年代不详。清光绪壬午科（1882年）举人。

弥渡天生桥二首

（清）唐澍

（一）

长桥倦卧自天生，响水潺潺入耳鸣。

欲问津梁何处是，碧空高挂一轮明。

（二）

斜阳返照响松涛，胜景登临真倍豪。

寻得溪边来去路，挥琴好待明月高。

【作者简介】唐澍：贵州毕节人，生平事迹不详。此诗写于同治甲戌年（1874年）春二月，作者时任弥渡通判。今存于天生桥东石壁。

弥渡天生桥

（清）饶源

嵌空驾石枕溪流，青削芙蓉最上头。

分得天从崖下补，偷将月向涧中修。

扶筇险陟千盘磴，载酒高登百尺楼。

更欲乘风凌绝顶，缒书一继太华游。

【作者简介】饶源：弥渡人，生平事迹无可考，清朝贡生。

弥渡天生桥

（清）陈鼎彝

名山增春助清吟，佳句留题荡俗间。

险峭峰峦还存古，新奇世界不如今。

红桃花艳春芳醉，绿柳云升叶正阴。

选胜登临君倍健，挥毫我亦振衣襟。

【作者简介】陈鼎彝：清代弥渡人，生平事迹不详。此诗今存于天生桥老君殿南摩崖石刻，原题为《春游即景原韵》。

天生桥赋

（清）屈学洙

　　建宁之东，有山蔚然！灵钟翠 巑，冠绝全滇。罗星峰于危磴，驾天路于层峦；破鸿蒙而开一窍，烹顽砾而补半天。百丈飞虹，织女向长空暗渡。半弯新月，素娥从绣壁斜穿。惟见石发纡青，萝衣挂绿，翻美人之翠黛，映仙客之霞服。悬崖耸秀，鲜花缝五色天衣。古洞藏奇，石乳滴千年雪佛。清池翻锦浪，龙窟筛金粟。凤阁起云，蜃楼噀玉。则有骚人词客，问境游心。歇马乎河涧之滨，振衣乎巑岏之顶。窥天外之青天，探景中之异景。题桥似相如之志，把酒续苏髯之行。姓字遥闻，惊落一天星斗；珠玑挥洒，横托几点烟尘。亦有白社黄冠，携筇挈苦，过涧寻源，扪萝采芷，既逍遥兮蹁跹，亦徘徊兮容与。求丹沙于八仙之台，悟苦空于五峰之巅，数声黄鹤韵紫翠，披离一片赤城霞清辉掩映，当夫东皇送暖，万卉争春，溪泛桃花，好问避秦之姓。潭涵月影，疑逢出洛之神。溯清流兮浅浅，听啼鸟兮嘤嘤！信尘氛之涤净，洵山色之可人。至若天停昼永，赤焰正攻，萝薜阴森，结绿天于碧落，山房云护，石磴兮临风。斯亦极人世之清凉，隔红日于崆峒。汲瀑花兮洗耳，攀又何羡乎蓬岛之珠宫。迨夫金风始吹，木叶就下，白荻丹枫，秋冬代谢。花自灿乎霜岩，松自青乎云峡。月斜挂乎仙桥，云飞乎猿穴。嵚崎怪石，遍载瑶草奇花，崔嵂奇峰，淡整云鬟宝髻。遂使探梅野老，流连瘦岭之春。踏雪狂夫，睇盼罗浮之月。若斯之丹岩玉洞，焕四序之奇观，适足与金马碧鸡，峙三峰而并列。昔人云："天下无双境，人间第一桥"。不信然耶？

　　嗟呼！寻常隈轴，恒志美于通都；宇宙巨观，每潜形于绝壑。岂负奇姿者之有幸有不幸，而抱真赏者之有至有不至耶！余乃跨金鳌之背，仰而问天，枕锦石之班，俯而听泉。歌曰：百丈晴虹两岩悬，遨游势欲挟飞仙。乍惊月殿新垂采，忽讶桃源别有天。鸟道千寻云作级，龙津百折石为船。今朝幸得承蒐采，名胜当传第一篇。

【作者简介】屈学洙：清代人，生平事迹不详，雍正十一年任弥渡通判。

【注释】

巑（cuán）：峻峭的样子。

噀（xùn）：含在口中而喷出。

岏（wán）：峻峭的样子。

嵚（qīn）：嵚，小而高的山；嵚崎，山高峻的样子。

蒐（sōu）：茜草。

天生桥不谢梅辨

（清）韩棨

赵之天生桥，历有二，在弥渡东山者，名石虹嵌月，通判屆学洙尝有赋载。州志在龙关者，名天桥溅雪，昔人题为万年不谢梅，提学长沙杨公守鲁赋诗一章，刻于石门之壁，末二句为"桃源亦在榆西路，何处寻真问赤壁"，言段赤城灭蟒泄河之功，而于不谢梅之说，未之及。

夫不谢梅之说，俗皆讹传，距桥数十武，水激峡中，白浪不息，遂以不谢梅当之，余总角时，习闻其说，比兴郭南谷先生语，道及此景。先生云不谢梅者，非峡水激石之谓，盖天桥下流澄潭万丈，深不可测，水入潭底，复出翻珠，如梅夏秋涨溢，接金星洞水，红泉倒泻，有如红梅冬春之交，榆河一碧，有如白梅，是乃不谢梅之真谛也。余闻此语，每至天生桥，立马审视，诚有如先生所云者，然后知天生异景，待人而名，而名之者，又不可姑沿其说，以至失其真也。

【作者简介】韩棨：生平事迹不详。

【注释】

龙关天生桥：即今大理下关天生桥，位于下关西南700米许，横跨于洱海出口处的西洱河上，是沟通南北者摩山与点苍山的天然通道桥，高11.5米，长6.5米，宽1.6～2.5米。

谷女寺 Gunvsi

弥渡谷女寺

（明）章日慎

揽辔彩云城，寻幽白石坑。山将龙作镇，寺以鸟为名。
石幻莲花座，风吹贝叶经。林密堪驻马，溪清可濯缨。
何处觅仙迹，此地为蓬瀛。逢僧双树下，煮茗话三生。
诸天从落莫，此地即蓬瀛。峭壁堪题韵，寒泉可濯缨。
野烟千树暝，落日半川明。欲去重回首，弥僧更隐情。

【作者简介】章日慎：海阳人，生卒年代不详，恩贡，明万历年间任大理府弥渡通判。

游谷女寺

（清）师问忠

彩云深处护苍苔，拾翠频登百尺台。
谢屐齿新泥可印，阮途步险两偏催。
尽多胜概今犹古，安得高娘去复来。
妙谛本空难著语，骑猪化象莫须猜。

【作者简介】师问忠：字恕先，一字裕亭，师范之父。乾隆六年（1741年）乡试亚元，曾任晋宁训导，长芦石碑场监大使之职。教育家，著有《北上集诗稿》、《勤学录》、《鸣鹤堂文稿》等。

风景篇 相看两不厌

传奇谷女寺

　　谷女寺，位于红岩镇西北2.5公里处的古城村之后，从今天寺旁莲花岩泉潭边岩上"天开玄窍"、"万历乙酉（1585年）江右李涝书"等石刻来看，原寺应建于明万历十三年（1585年），传原为南诏王避暑宫所在。万历《赵州志》称此为赵州八景之"天开玄窍"。今存寺庙为清代所修，建于莲花岩上，坐西北，向东南，寺周林木葱郁，清泉潺潺，奇石垒垒；立于寺前，可览弥川烟景，是夏日避暑不可多得的胜地。明万历年间大理府弥渡通判章曰慎在其《弥渡谷女寺》中赞道："诸天从落莫，此地即蓬瀛。峭壁堪题韵，寒泉可濯缨。野烟千树暝，落日半川明。欲去重回首，弥僧更隐情。"

　　谷女寺在历史上有着众多的称呼，名高娘寺、谷鸟寺、谷米寺等，不同的称呼有不同的含义，也蕴涵着不同的故事，而每个故事又书写着一段传奇，给谷女寺增添了无穷的魅力。高娘寺的称呼，来源于一个牧猪少女高娘骑猪化象升天的传奇故事。乾隆年间亚元师问忠《游谷女寺》云："彩云深处护苍苔，拾翠频登百尺台。谢屐齿新泥可印，阮途步险两偏催。尽多胜概今犹古，安得高娘去复来。

鸟瞰谷女寺

谷女寺小景

妙谛本空难著语，骑猪化象莫须猜。"师问忠之子、滇中名士师范在其大作《滇系·杂载》中也不吝笔墨地记载了这段传奇："白崖高氏女，年十三尚不能言，其兄从军东川，三月不归；此女一日忽语嫂曰：'兄缺食，吾往饷之。'家喜其开口，戏应之曰'汝将裹饭去'。高女果行，家人笑，蹑其后，至磐陀石下，入水洞而去，觅之不得，众方惊怪。未已，高女忽至，谓家人曰：'兄一旅之众皆已饱矣！'且言军中地形事势，其嫂不信，谓东川距此二千余里，安得即至，不知其有神力也，及以衣授之曰：'汝送与兄，取其垢衣来。'自是送饷，日以为常。高女常牧一白猪，一日谓家人曰：'军回矣'。遂骑白猪，化为象，腾空而去。故又名高娘寺。"

　　古老的建筑，神奇的传说，清幽的景色，使谷女寺从一诞生起，就成为一方胜景。每年农历五年初五日，成百上千的游客纷纷涌向谷女寺，观花灯，赏名胜，避暑消遣，热闹非凡。

风景篇　相看两不厌

【延伸阅读二】

清幽谷女寺

到了弥渡，古女寺是不得不去的地方。

清代有一个叫许宁的人，专门写过一篇《修谷女寺募引》，里面生动地记载了一个牧猪少女高娘骑猪化象的故事，而关于这个故事，在师范的《滇系》里也能找到，记载得神乎其神，好像确有其事一样，不由得人不相信。

就因为这个传奇的故事，吸引了众多人来这里进香。很多地方，往往就是因为一个故事，或者一个传说，或者一段传奇，而成了一方胜景。长江三峡上的那

"天开玄窍"石刻

个望夫岩，引得船上的人个个引颈探望，为的就是那个凄美的动人故事。

谷女寺景点清幽无比。漫步在小径当中，黄叶撩目，鸟声盈耳，清泉洗心，别有一番情趣。伫于寺前，弥川冬景，尽揽无余。也许，明万历年间大理府弥渡通判章曰慎当年走到这里时，心境也是这番模样，只不过他还写了一首诗，诗名为《弥渡谷女寺》，写得确实不赖，至少现在的我是这首诗的超级粉丝，诗云："诸天从落莫，此地即蓬瀛。峭壁堪题韵，寒泉可濯缨。野烟千树暝，落日半川明。欲去重回首，弥僧更隐情。"

如今的谷女寺看起来似乎有点苍老，但这是历史岁月的风霜所至，如果矗立眼前的谷女寺看起来整饬一新，那就大煞风景了。寺里有点冷清，除了把守人之外，没有香客，很难想象这里曾经吸引八方来拜，香烟袅绕，终日不熄。但转念一想，觉得这种状态才是常态。从明朝万历年间走来，风风雨雨地经历了几百年，理应有点斑驳，有点老态，有点寂寥，这样才能打动人，才能引起人

谷女寺雕梁画栋

的敬重。老人的魅力在于他丰富的人生阅历，同理，寺庙的魅力也体现在它的沧桑，有了沧桑，不管里面的佛像菩萨灵不灵验，就有了源源不断的香客。

县文物保护单位牌匾

骑猪化象的故事的确有点神奇。说的是很久以前，镇上有一名叫高娘的牧猪少女，十三岁时还不能说话，忽然有一天对她嫂子开了口，说远在两千里外从军的哥哥没有饭吃，她给哥哥送饭去。高娘的突然开口说话令家人惊诧不已，但怎么也不信她说的内容，并加以嘲笑。但在事实面前，不得不承认高娘的异能，让她天天来往于家中与哥哥军中之间。最后，哥哥回来之日，高娘骑着她常牧的一白猪，化为象，腾空而去。

菩萨像

谷女寺在明末清初时，滇西一代高僧非相禅师在此停留了十年，谷女寺又增添了几许厚重，稍有疵瑕的是，非相禅师在此停驻时，是二十岁至三十岁，道行还不是很深，还未成名，默默无闻，因而，谷女寺找不出他在此修行学佛的恢弘巨作，但有他在此落脚，也就够了。清释同揆著《洱海丛谈》记曰："洱海水目山，有非相大师，年八十，修建梵宇数百，剃度弟子万余人，迤西僧徒皆其眷属，亦说戒参禅，滇南法席之盛，无过于此。"

非相禅师的人生精华在水目山宝华寺，从崇祯十一年（1638年）开始受教于无住禅师，至清康熙庚午（1690年）以宝华寺方丈身份圆寂，一直勤勤勉勉地精练、弘扬佛法。临终前，仍鸣钟集众，沐浴拈香，人龛跏趺，讫偈曰："万劫从今万劫归古，几根朽骨寄入水目崒堵"，张目举手谢众而逝。此外，他的书与画都不赖，堪称一代名家，为法润塔碑篆写的"祖脉流芳"四字，严谨洒脱，算得上书法碑刻之精品。非相禅师和担当真不愧是一脉相承的师兄弟。

风景篇 相看两不厌

【深度阅读】

修谷女寺募引

（清）许宁

　　滇南古多仙释灵幻之迹，鄯阐、叶榆外，以赵之白岩为最多。张仁果暨龙佑那累叶建都于此，遂为十赕，沃壤六诏咽喉，奇踪轶事所在，多有彼闻。赤水而彩云屯祭铁柱，而金鸟集汉唐，以前勿论矣。近如仙桥换木仙女，谐缘载在郡乘更幻者，莫如谷女骑猪化象一事。

　　按通志及李中溪碑记，女姓高氏，为张胜曾家婢，年十三，口不能言，其兄从征东川，女服牧猪役。一日，忽语嫂曰："兄军中乏食，我往饷之。"家人以为戏。女从谷中盘陀石隙如水洞而去，少顷，出曰："兄军皆腾饱矣。"嫂不信，授衣遣之，曰："曷易乃兄旧衣来浣。"女复如命，且言军中事，历历不爽，忽语家人曰："兄将凯回，余亦从此逝矣。"遂乘所牧之白猪化象，腾空而去。俗传为普贤后，身事涉妄诞，卫道之士避之。然天壤大矣，理之所无，安知非事之？或有况滇迄西域，灵异屡昭，化虎驱龙，近代犹然，则洪荒之世可知此者，览邃壑之迤逦，林木之葱茏，巨石屹立如伟丈夫，然文案古城，胥在目前，下泻寒泉，喷珠漱玉，清洌见人，须眉浪迹过此，坐悬岩，饮清涧，飘然欲仙，但梵宇数椽，规模狭隘，无以壮山水之奇观，今僧某欲恢复旧基，重新化域，奈力不符，心事难猝，辨仰靳□□□宫干方□信，稍倾赢余，量力涓漓，成就如是功德，□□若□光，山灵□气，此亦君子护特名胜之初，心爱叙□□□，以为之引。

【作者简介】许宁：清代人，生平事迹不详。

【注释】

鄯阐、叶榆：鄯阐，今昆明；叶榆，今大理。

白岩：即白崖。在当地人的口语中，"岩"与"崖"读音相同。

张仁果：白子国张氏的第一代先祖仁果，公元前109年，汉武帝册封仁果为"滇王"。

花鱼洞 Huayudong

花鱼洞

（清）龚允塞

天荒开胜迹，突兀起群峰。
虚谷藏云老，乔松荫树浓。
浪翻鱼跃锦，声响石敲钟。
忽听春雷早，应知起卧龙。

【作者简介】龚允塞：清代弥渡人，生平事迹不详。

花鱼洞

风景篇 相看两不厌

【延伸阅读】

花鱼洞

弥渡花鱼洞，位于德苴乡东北约4.7公里的峡谷中，是花鱼洞风景区（县级风景名胜区）中最精华的部分，主要由峡谷、悬崖、龙潭、花鱼等景观景物构成。洞中，绿荫掩映，野花遍地，流水潺潺，鸟声啾啾，常年清幽静谧，仿若世外桃源，是寻幽探胜的绝佳去处。

峡谷宽六七十米，两旁是峭壁千寻的悬崖，宽广的石山上叠生着许多大小不一的溶洞。这些溶洞，洞上有洞，洞中有洞，洞洞相通，令人称奇不已。在西壁山腰，先人建有花鱼祠一座，面积约17.8平方米，小巧玲珑而别致，虔诚的乡民，在祠中塑造了许多菩萨、罗汉，尽管显得有点简陋、粗犷，但不失真诚朴实。在中段洞壁上，有无名氏题崖诗一首："混混源水不思流，古洞花鱼境清幽。悬崖峭壁千古永，耸翠岗峦万纪留。佳木参天幽谷石，野花砸地秀巅头。近访桃源避秦地，赛过巴陵岳阳楼。"这诗落款为虎市乡人，没有署名，但形象地描绘出了花鱼洞的胜景所在，字里行间流露出一种大家风范。

对峙悬崖之下，有公母两龙潭，一东一西，隔溪相望，两两相对，仿佛一对永不分离的恩爱夫妻。公龙潭在西壁崖下，水自石窍中流出，量能冲磨，外以条石镶砌成潭，长约4.3米，宽约3.5米。潭水清澈见底，四季皆清，清凉入脾；

花鱼洞

潭中游鱼，穿梭游弋，但皆不游出水口一步，让人惊异。母龙潭在东壁下，洞口硕大，高宽约 2 米，洞外亦以条石镶砌成潭，比西池稍大，约 4 米见方，唯潭水不如西池清澈，浑浊为米汤色。为什么公龙潭里流出的是清水，而母龙潭里流出的却是浑水呢？

　　这里有着一个古老的传说。

　　相传在很久以前，公龙潭和母龙潭里的水都是清的，里边成群的鱼从不离开龙潭一步，如果游出龙潭，被龙王发现，就会受到惩罚。因此，这些鱼从不离开龙潭半步。有一天，远方来了一个过路人，他见成群游着的鱼都只有四五寸长，就自言自语地说："别人都说花鱼洞的鱼很大，原来也不过如此。"无巧不成书，他的话正好被龙王听到，于是，龙王就把潭中花鱼全部召回龙宫，然后令一对一尺来长的花鱼在潭中游了一圈，可那人见了还是说："这也不大，还是小鱼。"龙王听了又命一对二尺来长的鱼游出，那人仍说是小鱼，于

景区内山花烂漫

是龙王派出的鱼越来越大，可那人总说是小鱼。最后，龙王无奈，派出一对足有牛大的花鱼，在龙潭中漫悠悠地游着，那人看了仍故意说是小鱼。龙王听了大怒："如此刁民，简直欺我龙王太甚。"于是就把龙爪伸了出来。那人见一个怪东西从龙潭中伸出，奇大无比，"啊"地大叫一声，就被吓昏了过去。由于龙爪太大，伸出时把母龙潭上面的一块石头和山都摇动了，缩回时，那动摇了的半壁山就塌了下来，把母龙潭的出水口压住了一半多，水也变得浑浊不堪。从此以后，母龙潭中的大鱼就再也不出来了，流出的水至今仍浑浊不清。

　　提到花鱼洞，当然少不了要说到潭中花鱼。花鱼头尾皆小，身腰粗壮，背脊呈深灰绿色，背两侧有条黑线，自鳃至尾，黑线上方为橘黄色，线下方为银白色，黑黄白分明，故称花鱼，洞也因鱼而称花鱼洞。公龙潭中花鱼型小而多，母龙潭中花鱼型大而少，有数斤乃至十数斤者，并很少外游。两潭花鱼，差别如此之大，不知何故。走近龙潭，但见潭中花鱼，成群结队，出出进进，来来往往，追逐嬉戏，别有一番情趣。当然，附近乡民不忘给这些美丽的花鱼编织一个个生动有趣的神话传说，并加以传播，世代传承。其中，流传最广的一个版本是这样的。

风景篇　相看两不厌

　　相传在很久以前，花鱼洞的鱼都是青色的，在潭中游来游去，悠然自得。一天，一个远道而来的铁匠路过花鱼洞时，被眼前幽美景色迷住了，不禁停住脚步，东看看，西望望，看得目醉神迷，忘乎所以，不知不觉中，已是腹饥口渴，便坐下来埋锅做饭，准备饭后再去欣赏余景。可饭做熟了，铁匠却发起愁来，因为没有下饭菜，无奈只好到潭中取水烧汤，以当菜用。但当他把碗伸进潭中时，一大群鱼便围了上来，挥之不去。铁匠心中一动：如此好鱼，何不抓一条上来煎吃，岂不美哉？于是打捞起一条鱼来，放入锅中煎烤，正当把鱼烤黄了一面时，天空突然乌云密布，狂风大作，旋即下起倾盆大雨，顷刻间，煎鱼锅中就盛满了水，那条鱼趁机跳回潭中。鱼跑后，铁匠觉得这是天意，不敢再从潭中取鱼做菜。从此以后，潭中的青鱼就变成一面黄、一面青的花鱼了。

【深度阅读】

花鱼洞题崖诗

（清）无名氏

混混源水不思流，古洞花鱼境清幽。
悬崖峭壁千古水，耸翠岗峦万纪留。
佳木参天幽谷石，野花砸地秀巅头。
近访桃源避秦地，赛过巴陵岳阳楼。

太极顶 Taijiding

太极山竹枝词三首

（清）周开甲

（一）

闻风还者思悠悠，此地蒸蒸不可留。
一十三峰云尚白，令人一步一回头。

（二）

不须发愿始朝山，乘兴而来乘兴还。
只要无亏心上地，自当福命占头班。

（三）

香愿周全要下山，胡笳羌笛满山峦。
行囊收拾还呼走，点也归去是这般。

【作者简介】周开甲：弥渡人，生平事迹不详，岁贡。

【延伸阅读】

太极顶

太极顶，是介于弥渡、巍山、南涧三县交界处的太极山自然风景名胜区（省级风景名胜区）中一颗最为璀璨的明珠，距离弥渡县城约30公里，位于密祉乡西南大约18公里的太极山巅，海拔3064米，为弥渡第二高峰，因形似易象太极故名，主要有九溪八岭十三峰等景观，绵延纵横20多平方公里，故古代又有"小苍山"之称，与滇西道教名山巍宝山遥遥相望。古人游太极顶时，留下了"随缘到处都如意，令人一步一回头"的名句。万历《赵州志》亦有"传说细奴逻避难耕牧于此"之记载。

太极顶高耸入云，山势巍峨，气势磅礴，峰峦起伏，山岭绵亘，常年云絮缭绕，群峰拥翠，古木擎天，溪流如瀑，瑰丽风光景色，好不迷人。太极顶又因地势起伏而气象万千，晨可观日出，夜能赏雪月，冬映山茶，春染杜鹃，夏熟黄李，秋红八角，四季异景纷呈。故昔人有联云："柱立乾坤，八面江山收眼底；峰连霄汉，四时花鸟畅幽情。"

据史传，太极顶起于秦末汉初，建于唐，继于宋元，盛于明清，集儒、释、道三教于一体，虽无高僧名尼在此诵经著说，但据说灵应昭然，以致朝山礼佛者络绎不绝，山间庙宇，常年香烟缭绕，佛光花明，供果丰盛，木鱼声声。山上五步一阁，十步一殿，殿宇林立，大小寺庙、官庵林林总总共有二十三座。殿阁别具风格，多由巨石垒成，代表建筑有转石阁、竹扫寺、玉皇阁、中和寺、忠义祠

晨雾中的太极顶

等殿宇，特别值得大书特书的是
转石阁。转石阁又名循环阁，开
发于明代，民间盛传着"绕转钱
阁转三圈走，寿岁活到九十九"
的神秘传言，建在竹扫寺侧、打
歌场旁的一堵巨岩上，前接歌场，
后临万丈深崖，且随时吹着七八
级大风，阁的周围有大约仅二尺
宽的无栏转道，游人扶阁循转，
白云袅绕，犹若置身于天台之中，

太极山庙会

飘然若仙，令人在胆战心惊之余，又趣味盎然。其实太极顶通体由岩石构成，悬
崖壁立，所以，古代的建筑大师们就就地取材，用大大小小的石块垒成山中殿阁
屋墙，建成了今天我们所见到的恢弘殿宇。殿内一块块方方正正的石头上大多雕
有各种各样的图案，有八仙过海、唐僧取经、双鹤祝寿、雪莲花开等等，栩栩如生，
线条流畅，格调高雅，令人不得不赞叹古代民间精湛的技艺水平。

　　神秘而使人倾倒的太极顶不仅有着旖旎迷人的自然风光，而且生长着繁多的
珍稀动植物，名贵中药材也是数不胜数。群山中蕴藏着大片的原始杜鹃林，"杜
鹃花海"自古就被列为"弥阳胜景"之一。太极顶山麓的桂花箐里，生长着一棵
有1700多年树龄、需要有4人才能合围、高30多米的"千年古桂"。滇藏木兰、
魔莲花、灰木、五味子、茉莉、长沙树、三角枫、元江栲、三颗针等珍贵珍稀树
种名花，在山中竟然随处可见。1987年，世界著名植物学专家英国人米莱斯夫妇，
云南冯国楣等学者，登临此山考察时，还发现了罕见的突尖杜鹃和能与大理点苍
山西坡媲美的马缨杜鹃花，更使人惊奇的是，居然至今还保持着原始生态群落的
面貌。珍稀动物主要有白鹇、角雕、獐、麂、穿山甲等国家级保护动物。药材主
要有党参、玄参、三七、松茸、天麻等104种，堪称天然中草药类资源的宝库。

　　太极顶上，有着远近闻名的太极顶灵山庙会。一年一度的太极顶庙会通常在
转石阁前的一块空地上举行，于每年的农历正月初七这天，由密祉的村落轮流主
办。这天，来自弥渡、祥云、南涧、巍山等地的各族同胞，数以万计，穿着节日
的盛装，在芦笙、笛子、三弦的伴奏下，载歌载舞，大放花灯，舞龙跳狮，踏歌
赛唱，此起彼伏，在踏歌声中祈求新年的幸福和平安。按照传统规矩，先由密祉
的瓦哲、朵祜彝族群众在巡山土主殿前打歌，然后密祉地区的龙灯狮舞才相继出
场，最后游人玩累了，看累了，变成了香客，到山上的各寺庙中烧香拜佛，祈福

风景篇　相看两不厌

太极山下的千年古桂

求安。一时之间，只见太极顶上，人山人海，龙飞凤舞，场面壮观，气势恢弘。清代邑人周开甲在其《太极山竹枝词》中忠实地记录了这一盛况："姐呼弟来妹呼哥，转进山门要上坡。冷透骨头霜绞雪，从来行善苦奔波。""肩摩接踵雾腾腾，乐善风光到上乘。炮响声声人若堵，大家翘首看花灯。"

如此盛会，自然少不了动人传说的点缀。相传很早以前，鸡足山有位仙风道骨，气宇不凡的真人，离开鸡足山，云游四海，寻觅仙境，以为栖身之所，然一阵跋山涉水、风餐宿露之后，就是找不到尽如人意的地方。一日，来到太极顶，见其与前面所见到的名山胜水大为不同，山形凸凹，势态崎岖，块块巨石，千奇百怪，颜色各异，千壑狂风吼，万崖气象奇。真人大喜，觉得终于找到了心中所向往的乐土，于是决定在太极顶峰巅上起殿盖宇。

殿宇竣工那天，密祉、瓦哲、梯子坡等地的人前来祝贺。但问题也来了，密祉人同瓦哲人发生了争执，分别为先玩灯耍龙，还是先打歌而互不相让。真人摸了摸长髯，然后悠然一笑："我有个道理，密祉一带的人是灯神的后代，瓦哲一带的人是歌神的后代。歌神为大，灯神为小，依我看，还是从大到小。"真人的道理得到了密祉和瓦哲人的赞成。于是在太极顶上，开始了一场欢乐的盛宴。瓦哲人首先以一阵婉转悠扬的笛声拉开了打歌的序幕，随着笛声，打歌的人陆陆续续地围起了圈子，手牵手地跳了起来。那甜美的歌声，多姿的舞步，多彩的服饰，令人目眩神迷，吸引着男女老少的加入。打歌结束后，密祉人开始了他们的玩灯耍龙表演。但见七八条五颜六色的龙在山上奔腾翻滚，蔚然壮观，叫人眼花缭乱，应接不暇。不知不觉中，夕阳西下，朝山的人不得不恋恋不舍地离开了太极顶。

那天，正是正月初七。于是以后的每年正月初七，人们便不约而同地从四面八方赶到太极顶，打歌、玩灯、耍龙。这个习俗世世代代相传，并传承到了今天。

【深度阅读】

朝山诗二首

（清）李元阳

（一）

造极登峰谒圣真，通宵颤栗不由身。

最高地位风霜大，莫做人间绝顶人。

（二）

不争会首不求财，几次登山撒手来。

自古终南多捷径，其中住处任安排。

【作者简介】李元阳：见《白崖土城记》作者简介。

冬天里的太极顶

风景篇 相看两不厌

五台山 Wutaishan

弥渡五台山竹梅诗题壁

（明）杨慎

老树灵钟气合神，独栖山谷本清真。

隔林艳奋非朋比，淡妆笼处隔红庄。

细蕊开时堆白雪，倚壁乔松是友人。

待君结实知盐时，鼎夕调合天地春。

【作者简介】杨慎（1488—1559）：字用修，号升庵，公认为明朝三大才子之一，明代文学家，新都（今属四川）人。嘉靖三年(1524年)，杨慎因"议大礼"，谪戍云南永昌卫，居云南30余年，死于戍地，被云南人尊称为"杨状元"。杨慎著作颇丰，据《明史》记载，明代记诵之博，著作之富，推慎为第一。存诗约2300首，除诗文外，杂著多至100余种，现都收入《升庵全集》。

【注释】

五台山大寺：位于弥渡苴力乡，建于明朝初年，现寺中有《梅花诗》、《竹梅诗》、《清和月》题壁三首，传为杨慎嘉靖年间游寺所作，诗为清代所录。

【延伸阅读】

弥渡五台山

山西有佛教名山五台山，弥渡亦有佛教胜地五台山。

位于弥城东南约 30 公里的五
台山，海拔 2325 米，因"前看五台，
后看五台"故名，"与天目山、水
目山同为弥渡之古丛林"。昔人有
诗云："台数何名五？西山次第成。"
五台山虽然高峻，但山势起伏不大，
绵延数十里，常年层峦叠翠，山间
古木，苍劲挺拔，景色幽清，人立

五台大寺

山巅，极目远眺，万里云山奔来眼底。西睹太极翠屏，北观苍山瑞雪，南望哀牢群峰。
高瞻远瞩，令人心旷神怡。清代举人吴振鲁、赵旷、刘炳南、欧阳方耀等弥渡名
流，曾作"苍岩古雪"、"洞池止水"、"回阳返照"、"怪石云栖"等十二景诗，
对五台山幽美景色赞赏不已。在五台山顶不远处，驰名滇西的五台大寺巍然屹立。

五台大寺为一组规模庞大的古建筑群，历史悠久，虽然几经劫难，但殿阁规
模尚存。据志书记载，五台大寺始建于明朝初年，为滇西一代名师照正法师当年
带领一群僧侣来到五台山，徒手建盖而成。清康熙年间增建成宝刹，道光时遭火
灾焚毁，咸丰年间重建，民国时期增修为三阁挑五殿的恢弘模样，即：玉皇阁、
王母阁、观音阁、大雄宝殿、老君殿、孔子殿、南星殿、北星殿，但"文化大革命"
期间，又遭到很大程度的破坏。1979 年，经弥渡县革命委员会公布为弥渡县第一
批重点文物保护单位。在政府和民间的踊跃捐资下，五台大寺逐步恢复了往日的
动人风采。整体设计呈四方印形，五殿三阁，布局井然有序。前后三层，皆依山
顺势，逐级增高。寺中央为玉皇阁，左有老君殿，右有孔子殿，为一阁两殿之式。
后层从左至右，依次是观音阁、大雄宝殿、王母阁，成一殿两阁之形。观音阁和
王母阁，皆高 10 余米，为三层六角结构，雕梁画栋，飞阁流丹，巧夺天工，蔚
为壮观。前排正中为山门旧址，左建清闲宫，右为贞官宫，取两宫一门之态。主
体建筑之间，均有厢房连接，左右对称，高低参差，错落有致。整座寺宇坐东朝西，
集儒、释、道三教于一体，前瞻太极群峦，后依五台翠屏，北、东、南三面皆古
木苍天，青松掩映，高大挺拔，景色宜人，诚如古联所云："高阁高悬，低阁低悬，

风景篇　相看两不厌

人在画中看画。远峰远列，近峰近列，客来山外观山。"实所谓"九州仙缘归佛地，五台玉案拱慈尊"。

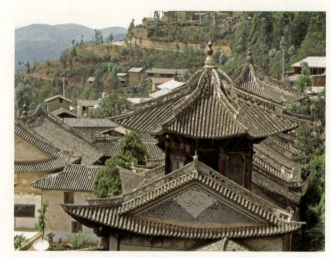

五台大寺一角

五台山迷人的风景，五台大寺浓郁的宗教氛围，吸引着今弥渡、祥云、南华、巍山、南涧等地的人们纷纷前来观景膜拜。每年的农历二月十五日五台山会期，远近游客云集，彝族青年男女尽情歌舞，热闹非常。

玉皇阁 Yuhuangge

永增玉皇阁

　　永增玉皇阁，位于新街乡境内，始建于清朝乾隆年间，地处弥渡西部古驿道之要冲，西与西山相连，南与南诏铁柱相望。永增玉皇阁原名二十村玉皇阁，因至清光绪二年（1876年），在原有一龙祠及两耳房的基础上，由西壁二十个村庄集资扩建成一祠两耳、一阁六厢三殿、山门和内戏台组成的三进三院古建筑群，故名。据记载，时"栋宇辉煌"，"地势巍峨，天然耸拔，锁二十村之风水，览弥川之景物"，虽经岁月剥蚀，并经人为数劫，但今尚得以保存，现仍存山门、戏台、中殿、南北殿、玉皇阁、龙祠、厢房等建筑，是弥渡县保存得最完整的一组古建筑群。

　　近几年，在政府和民间力量的努力下，永增玉皇阁修葺一新，既保持了原有的三进院落格局风貌，又增添了许多回廊曲径、园林景观，重放了昔日异彩。整座古建筑群坐西朝东，建筑规模庞大，殿宇辉煌，占地面积达3866平方米，建筑面积达1400平方米，建筑风格独特，气势非凡，为一方之胜景。山门飞檐翘角，气宇巍峨，美轮美奂。三进院落既紧紧相连，又独立成院。每进院落都有自己独立主阁、厢房、戏台等建筑，又由走廊、池塘把这些相对独立的单个院子紧紧连在一起，成为一个和谐统一的整体，在具有中国古典园林氛围的同时，又加进了滇西古代建筑风格的经典元素，呈现出三坊一照壁的特点。主体建筑玉皇阁别具风格，融中原寺庙建筑文化与本土文化为一体，堪称阁楼建筑中的一朵奇葩。玉皇阁为三层建筑，下面主体

永增玉皇阁大门

风景篇　相看两不厌

夕阳下的永增玉皇阁

建筑与一般的寺庙风格没有太大区别，但顶层上的一个小小阁楼却有画龙点睛之妙。阁楼不大也不高，呈六角圆檐之势，顶端一柱，直指天穹。阁楼如此之势，本没有奇异出彩之处，但妙就妙在是建在本已是巍然屹立的建筑之上，就有了无穷韵味，显得精巧而别致，实所谓"高屋建瓴"。建筑群中，王母殿、三清阁虽无名家之范，但也别有一番风味。

昔日的玉皇阁，吸引着远近的善男信女前来虔诚叩拜。每到庙会期间，这里，人潮涌动，歌声阵阵，舞蹈翩翩，热闹非凡。而今日的玉皇阁已成为一处胜景，吸引着无数游客前来瞻仰其动人的建筑风姿，亦是研究滇西地区古建筑文化的实物资料，是研究滇西地区民俗文化、经济社会发展的珍贵素材。1983 年，经弥渡县人民政府公布为县级第二批文物保护单位，1998 年，经云南省人民政府公布为云南省第五批重点文物保护单位。

【延伸阅读】

大路朝天

当离开弥渡时，总觉得意犹未尽。

弥渡之行，虽然可以说是踏遍了整个弥渡，但说出来时，老觉得心虚，底气不足，因为，我们大多数的时间，是待在车里，在大道上打发时间，真正丈量弥渡土地的，是车轮，而不是我们的足迹。所以，对车轮下的条条大道，觉得有必要说点什么，也算是从另外一个角度来解读弥渡。

刚进入弥渡时，尽管是从昆明赶来，但还是有点惊讶，惊讶于弥渡现在竟拥有了这么好的一条路，宽宽阔阔、直直白白、利利索索地通向远方，让人的眼睛很舒服。这样的路，在云南的很多地方，并不是没有，但大多是省级高速，而这，是条进入一个小县的通道。

让人很舒服的不仅是眼睛，还有心。我们是从祥云进入的，这条路，叫祥临

便利的交通

（祥云至临沧）公路。一路上，很少看到人影，也很少看到房屋。大道两边，土堆丛丛。土堆上，除了一些零碎的荒草外，很难看到充满绿意的树木，显得光秃秃的，偶尔，一处绿意在你眼前掠过，等你打开车窗，往回看时，绿意早已朦胧，退隐而去。

令人奇怪的是，尽管尽是土堆，但给我的感觉确有一种说不出的舒服。苍老而不显得苍凉，绵延而不显得杂乱，空阔而不显得荒芜，色彩简单明净而不显得单调，这要比其他一些地方纯净许多。恕我直言，在中国的很多道旁，零零碎碎的东西和乱七八糟的色彩实在叫人不敢恭维。

随着弥渡之行的深入，蓦然发现，刚进入弥渡时的那种感觉，竟然显得有点可笑。虽然不是每条道路都像祥临公路一样大道朝天，但两旁的色彩却总是那么明朗干净，就连居民的房屋色彩也显得明净一致而无扰乱眼神之感。祥临公路，只是个开始。

想想两千多年前的汉朝使者、六百多年前的郭松年、三百多年前的徐霞客，真想不出他们是如何跋涉到这里，又是如何进入弥渡的。但我肯定，他们走的时候，定是步履蹒跚，跌跌绊绊，走走停停。因为路太窄，山太高，水太长，坑太深，如果看到今天这里的大路朝天境况，说不定在九泉之下也遗憾不已，羡慕今天弥渡人享受到的交通便捷。

当我漫步在密祉文盛古街时，也曾想到，这些被马蹄磨得溜光的引马石，心里一定感到酸溜，曾经引得无数的远方马队从身上走过，简单而快乐，而今，却有说不出的孤独。尽管时不时地有人来这里走走，对它兴趣万分，但也仅为凭吊，寻找历史的沧桑，而不是为了它本身。失落于现代，又被现代凭吊，对古道来说，确实有点尴尬，但对弥渡来说，则是一种必要与必然。今天大道上的行人定会比古道上的马队走得轻松，走得洒脱，走得长远。毕竟，今天与昨天，终究要告别。

弥渡的朝天大道，通向了远方，更重要的是，把弥渡人的心也带向了远方。

风景篇 相看两不厌

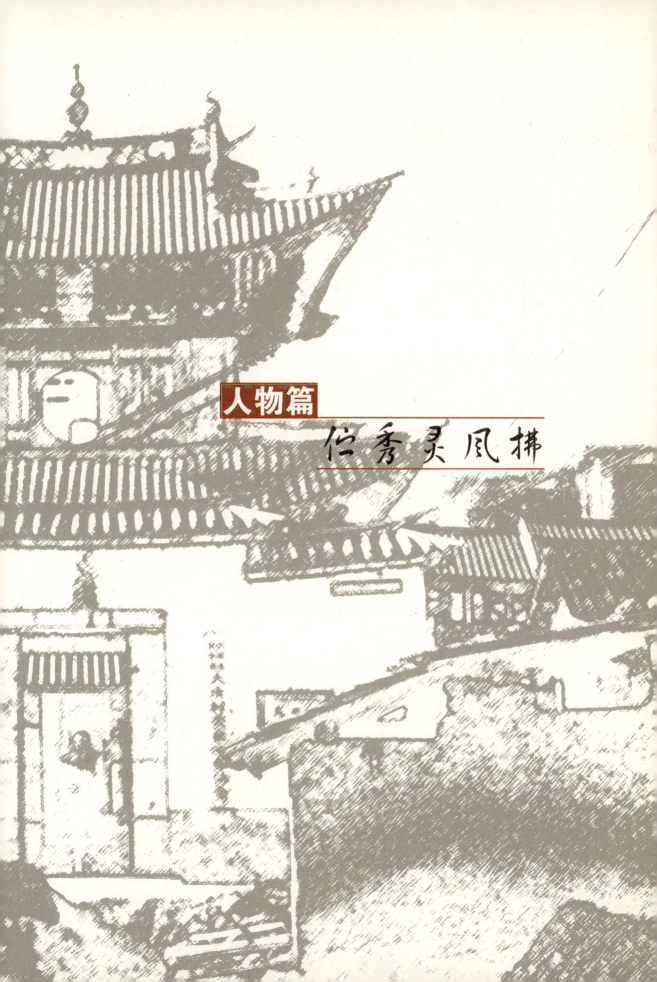

人物篇

仁秀灵风掷

弥渡风流 Midu fengliu

蔬 圃

（清）龚渤

荒田分半亩，随意种山蔬。
春韭连畦密，秋瓜插架疏。
时防来有客，得佐食无鱼。
何必栽花好，锄园乐自如。

【作者简介】龚渤：见《天生桥》作者简介。

昆明逢师荔扉归自京东

（清）龚锡瑞

原左云龙到处同，君方挟策我飘篷。
八千路隔疑天上，十五年归似梦中。
才子诗名胜北地，故人颜色老西风。
碧鸡金马秋光里，肯对清尊剪烛红。

【作者简介】龚锡瑞：字信臣，号簪崖，弥渡人，其妻苏竹窗亦能诗。乾隆乙酉拔贡。袁枚称其"天才超逸，有太白余风，乐府、五七古、七绝最为擅长，七律俱阆入唐人之室"。著有《簪崖诗集》。

【注释】

左云龙：犹辅皇朝。

挟策：手持简册，喻勤读书。策，书写的竹简，指书籍。

清尊：美酒。尊为酒器。

剪烛：指夜话谈心。

【延伸阅读一】

弥渡风流人物

翻开弥渡历史的书页，赫然发现：弥渡，人物荟萃，群星璀璨！

当人们还沉浸在南诏古国的团团迷雾中的时候，早在南诏国之前，弥渡就有了白子古国。如果说，这还太遥远的话，那么，《南诏图传》里描绘出的铁柱祭场面，白子国最后一位国王张乐进求禅位给南诏国开国国主细奴逻的情景，是多么让人感动。这一禅位，可以免去多少血流成河的场面，可以减少多少悲欢离合的故事。张乐进求，怎能说不是英雄？

随着白子国的随风而逝，弥渡，在中国的一个角落里，也沉寂了近千年。然而，当红岩古城遗址长着凄凄芳草的时候，弥渡开始了它的苏醒。据载，元朝弥渡人苏隆为大理地区科考中最早的进士。据不完全统计，明清两代，这里共诞生了26

弥渡文笔塔

人物篇 伱秀灵风拂

位进士，148位举人！诞生了不少书香家族。寅街乡辛野村有龚家和武邑村师家，龚家出了龚渤、龚锡鼎两位进士，龚亮、龚敏两位举人；师家有师范三祖孙，其父师问忠为乡试亚元，师范亦为亚元，其子师道南少有才华，只可惜过早殁于鼠疫。师家还有乾隆年间师进修、师联珠两位举人。弥城镇有苏家、杨家、熊家、马家四大家族，苏家有雍正年间苏霖渤、乾隆年间苏霖润两位进士，举人有清康熙年间苏霖鸿、雍正年间苏霖溥。杨家有清嘉庆年间进士杨振纲，举人有明万历年间杨周行，清乾隆年间杨周冕、杨周琬、杨阳、杨周鼎、杨天锡（武举），道光举人杨沛等。熊家有乾隆进士熊煌、熊于充，有乾隆解元熊于青，乾隆举人熊于衡，嘉庆举人熊祖成，马家主要是武举出身，有清乾隆武进士马良栋，乾隆武举人马登鳌、马殿清，咸丰武举人马殿甲等。

乾隆年间，六次科举考试中，全省一、二名的解、亚元举人，均属弥渡夺冠，这就是弥渡人引以为傲的"六科六解亚元"。原来老城十字街，建有文献楼一座，上有清云贵总督岑毓英题写的"文献名邦"匾联，联云："地足中和，人敦礼让。名联解亚，秀毓甲科。"同时在中和书院魁星阁上，也悬挂着清代弥渡翰林尹萧怡的一副对联，联语云："名录压滇西，源溯文江，看前辈六科六解亚。祠曹连阙北，宗潮学海，愿诸君一室一琴书。"这是对弥渡地灵人杰，多才蔚起的人文景象的最好注脚。

苏霖渤，字海门，号观崖，幼年丧父，在叔伯长辈教养下，勤学奋进，于雍正元年（1723年）中举人，同年会试中进士，历任湖南、贵州主试、雍正五年（1727年）丁未科同考官、贵州开泰县知县、刑部主事、南城御史等职。为人性慈耿直，两任山西学政期间，抨击科考诸弊，秉正校士，得考生联名称颂。回京复命之日，受到皇帝嘉奖。后又奉旨处理山西、陕西、江西、浙江等省公务，皆能秉公办事，尽职尽责，深受皇上喜欢。后因其母年逾九十，告假回乡奉养尽孝，其间，仍不忘回报乡梓，倾注教育事业，主讲昆明五华书院，著名书法家御史钱南园、台湾兵备道万荔村、翰林蒋鸣鹿、钟人杰等皆出其门下。卒时，钱南园等滇中名士亲临弥渡吊唁。

龚渤（1712—1759），字遂可，号学耕，雍正十年（1732年）壬子科举人，时年20岁。24岁时，中

密祉文昌宫

98

乾隆元年（1736年）丙辰科进士，点翰林，踏入仕途，先后任翰林院检讨、侍读、补授詹事府左右春坊、左右庶子掌坊事、侍讲学士、日讲起居注官和《八旗姓氏通谱》纂修官、《大清会典》纂修官、文武殿试受卷弥封官等职，稽查六科史书，典试四川，为皇

高芹张氏祠堂大殿

上抡才得人。在翰林院时，受乾隆皇帝两次赐宴，又随皇帝谒景陵、泰陵祭祖活动，还奉旨祭告北岳恒山，事后，皇帝赐弯把皇伞、九龙壶等物，以示褒扬奖励。还乡后，受制军爱公之请，留任昆明五华书院。时云南登科第为仕官者，多出其门下。回弥渡后，不交权贵，闭门读书，过着"荒田分半亩，随意种山蔬"，"何必栽花好，锄园乐自如"（龚渤诗《蔬圃》）的田园生活。乾隆二十四年（1759年）三月，卒于家，终年47岁。著作有《使蜀吟》、《游燕草》、《塞上吟》、《留粤草》等诗集和游记《使晋纪程》，惜已失传，今仅存诗歌9首，收于《滇南诗略》之中。

……

当毗雄河的滔滔江水滚滚南流的时候，淘不去的是弥渡风流人物！

【延伸阅读二】

弥渡文人

面对弥渡文人，我们应该致敬。

云南历史上的文人有别于中原内地的文人，呈现出一种整体上的健朗和坦率。这种健朗和坦率发自内心，发自大山深处的那份质朴，发自红土高原上的那份纯净，健康而不病态，明朗而不灰暗，坦率而不龌龊。云南文人也渴望功名，但功名只是一个施展他们伟大抱负的舞台，当这个舞台在他们心中变得不再神圣而蒙上污垢时，心中的舞台也就坍塌。于是他们就回归文人的本色，回归山林，为地方的教育事业和地方文献的整理发挥余热。他们，开创不出什么波澜壮阔的宏大

人物篇 优秀灵风拂

革命志士尹沛霖的画

场面，但历数云南历代文人，赫然发现，竟然没有一个大奸大恶之徒。

当然内地的文人气息也有健朗和坦率的，但这种健朗和坦率在争权夺利、蝇营狗苟、相互排挤中，显得气若游丝，微不足道。内地的历史文人，于精神上总是多多少少蒙上一点功利的尘埃，像李斯、秦桧、严嵩之流，官做得不可谓不大，都是位极人臣，字也写得不赖，但最后落得个遗臭万年的下场。就是那些高风亮节的隐逸之士，不少也有些有矫揉造作之嫌，最极端的例子就是"终南捷径"这个成语的来历。

弥渡文人完全继承了云南那种健朗而坦率的文人精神，甚至显得更加明净，这在师范、谷际岐、李彪的身上体现得尤为明显。

师范二十四岁中乡试亚元，应该说是少有所成，但在随后的六次礼部会试中，皆名落孙山。科举不得意不要紧，还有官场，但官场也对他排挤。师范先是做了个剑川学正的官，最后做了安徽望江县知县。有意思的是，任知县不是由于担当学正累积下来的官宦资本，而是由于他的"不务正业"，为官军调运粮草立下了军功，因军功而保举为知县的。按理说，像师范这样的人生轨迹，中国的历史上多如牛毛，但师范的可贵之处在于，尽管命运对他有点不公平，但师范就是不抱怨，不自弃，以一种平常的心态对待自己的荣辱得失，任剑川学正期间，与当地文人诗酒唱和、把酒言欢，闲暇之余，考证考证一下当地历史古迹，看不出有丝毫怀才不遇的火气。朝廷以他学正之名，辅佐由滇入川运粮事宜，师范又以一介之躯，任劳任怨、勤勤恳恳，并且干得有声有色，因而得以保举知县。任知县期间，凭着一个文人的秉性与兴趣，不谄媚权势，为百姓的丁点利益而不惜与上级怒目相对，干好正事之余，又极力发展当地的教育事业，怜才好士，开辟"小停云馆"以礼贤士大夫，并且对那些寒士，拿出自己本就不多的薪水，资助他们上京赶考。结果在卸职之后，自己贫不能归，滞留异乡，在贫病中死去。更难得的是，师范以一己之力，编辑整理了一套洋洋洒洒计数十万字、达四十册的《滇系》，为整理保存云南地方文献作出了杰出的贡献。至于诗文，其数量之多，质量之佳，在云南的文化史上，也可位居前列。师范的一生，看似有点逆来顺受，但其实这是一种很崇高的人生心态，不管遇到多大的际遇和挫折，皆能淡定从容，真的做到了"不以物喜，不以己悲"，这种境界，说起来容易，但做起来很难。

密祉"材储论秀"匾额

如果说师范的人生境界是一个小官宦文人的崇高写照，那么谷际岐则是从宦海沉浮的角度来诠释了一个文人的高贵品质。谷际岐的人生道路要比师范平坦得多，考举人，中进士，点翰林，出御史，顺风顺水，如果不出意外，登阁拜相也是情理当中之事，但一个文人的本色由不得他不推生"意外"。清嘉庆三年（1798年）冬，谷际岐受封福建监察御史，时逢清廷派兵镇压白莲教起义，多年未平。他察访实情后，两次上疏，参劾陕甘总督宜绵、陕西巡抚秦承恩、武昌府尹常丹葵等人趁征讨之机营私舞弊、肆意掳掠、残害无辜，力陈"官逼民反"的情由，得到了嘉庆帝的准奏和奖赏，升任他为礼科给事中，稽查南新仓，巡视中城。故事发生到这里，如果谷际岐就此打住，皇帝高兴，他也积攒了政治资本，也算是皆大欢喜，但谷际岐就是约束不了自己的文人本性，三年后，上疏举奏两湖总督陈辉祖的家奴蔡永清勾通权贵，行贿朝臣，以"无尺寸之功而官秩五品"，连同举劾大学士庆桂和尚书朱圭贪赃枉法、以权谋私，要求罢免这些人的官职"以示天下"。

进士碑

这一次，由于牵涉的面太广，根太深，连嘉庆皇帝也招架不住，最后，嘉庆帝以"诋毁大臣，所举劾不实"之名，将谷际岐降职补刑部员外郎。当心中的那份净土被污染，谷际岐对官场就不再留恋，几年后，也挥挥手，告别了官场，以病为由，辞职返乡。在途中，受不了两江总督百龄、两淮盐政阿克当聘请以主讲扬州梅花书院的劝说，又停下来，谢绝势交，潜心治学，传授弟子，五年后去世。去世时，"扬州诸生徒共同为其卜地于城北紫竹庵侧，素衣纨绋，异声同叹"。

人物篇 他秀灵风拂

文笔塔下的弥渡一中

　　李彪的一生又不同于师范与谷际岐，既没有做小吏，也没有做高官，而是一介布衣，但又不完全是布衣，藕丝于官场但又游离于宦海，浪迹于民间但又清高于民间，最后于近耄耋之年，被御赐翰林内阁中书，并赐建"恩荣坊"一座于老家大庄营前。李彪一生的足迹大部分往返于昆明、大理、弥渡的书院之间，在讲席上倾泻满肚子的学问，在书集跋序上挥洒锦绣文章，在山林庙宇间展示俊秀书法，临终前三天，仍执教讲堂，以《论语》"下学而上达，知我者天乎"二句命题，课士弟子。李彪混际于官场的机会不是没有，1856 年，杜文秀起义反清，李彪避战乱隐居弥渡天目山密云寺，"凡十八年足不履城市"，潜心研究学理，著书立说。杜文秀曾三次派出使者携重金聘他出山辅佐，颇有诚意，但均被李彪婉言拒绝，拒不出山。1881 年，云贵总督岑毓英以他"品学兼优堪矜式，疏请叙奖，赏嘉国子监学士衔"，并意留在府内任职，但被李彪婉言谢绝，辞别回乡，尽桑梓义务，继续穿梭于大理与弥渡之间，主讲西云书院和中和书院。纵观李彪一生，虽没有辉煌与显赫，但一个文人的品性展露无遗，在"兼济天下"无望的情况下，真正做到了"独善其身"。不仅如此，还把自己的学问默默地以讲台的方式传承下去，这是李彪的伟大之处。中国有多少像他这样有才但没法施展的人才在默默无闻中湮灭了。的确，他的弟子们传承他的，不仅仅是学问，更重要的是他那种文人的本色精神。

　　谷际岐，师范，李彪分别诠释了一个文人的三种境界：做大官有大官的责任，做小吏有小吏的义务，做布衣有布衣的担当。他们，理应载入中国典范文人的史册。所以，弥渡文人，在争抢云南历史文人显赫版面时，有理由显得理直气壮。

师范 Shifan

《二余堂诗稿》自叙

（清）师范

范学诗始庚辰，存诗则始戊子。自戊子迄乙卯，存二千首而赢，共十七种，为前集。乙卯迄辛酉，存一千九百首而缩，共七种，为后集。咏史诗、全韵诗、怀人诗、应制诗、香奁诗不与焉。兹复以辛酉秋至己巳春之所作，援文稿及丛书例，名之曰《二余堂诗稿》，编系前后集之末。四册共一千零七首，文一首，附刻二十三首，分年不分体，从厥初也。

我生五十有九矣。六岁入塾，十二先大人截取入都，出就外傅。十七侍晋宁学署者四年，旋侍天津礁署者十四年，铎剑川者七年，客晋客浙者各二年，令望江者已八年。此四十二年中，晦明风雨则有诗，困厄疾痛则有诗，登山临水、折柳投桃则有诗。盖凡耳之所淫，目之所摄，足之所径，心之所游，无不于诗发之。触景明拆，随事抒写，无遥吟俯唱之暇，无月煅季炼之苦，轻浅疏率，实有味于诗人之旨。然家本儒素而身际太平，沐文治之醇酣，睹英才之柴立，既不能效班超傅介子立功殊域，挈斗大印系肘后，光垂竹帛，声溢环宇，又不能冠惠文冠簪承明笔，导扬盛化铺张鸿业，与韩愈、柳宗元古今媲美。徒挟风尘簿领之躯，屏气鞠躬，低眉墨色，退虞落阱，进恐触藩，即欲嗣诗人讽谕之音，毕虑殚思，镌尘镂棘，匪惟不能，抑亦不敢。故不如吐此由衷之言，或可告无罪于后世耳。

今幸因病得免，归守庐墓，誓绝五七字，杜门谢客。捡箧中所辑历代诗文六十卷，国朝百二十家，古文抄二百卷，经史涂说四十卷，细加厘正，勉为卒业。乃聚乡父老子弟，重温故技，于凿井耕田之隙，续《击壤》、《鼓腹》之歌，翊赞休明，播之四远。不知我者，不可不告以此语；知我者，更不可不告以此语。叙近诗既竣，并记之。嘉庆己巳立夏前一日，滇西老灌夫师范撰并书。

【作者简介】师范：见《弥渡五君咏》作者简介。

【注释】

醝（cuó）署：管理盐政。

折柳投桃：折柳，古时有折柳送别的习惯，后来折柳就是代指送别的意思；投桃，古时有"桃园三结义"之说，后来投桃就是代指结交朋友的意思。

醇酞（chún tài）：醇厚的意思。

傅介子：西汉人，今甘肃庆阳人，昭帝时奉命出使西域，杀楼兰王而还，被封为义阳侯。班超有语云："大丈夫无他志略，犹当效傅介子，张骞立功异域，以取封侯，安能久事笔砚间乎？"

五七字：诗歌的代称。

腾冲和顺图书馆收藏的《滇系》

【延伸阅读一】

师范

　　师范于1751年出生于弥渡武邑村的一个官宦家庭。师家祖籍山西，先祖于洪武年间随傅友德、沐英征云南后，遂定居弥渡。由于是武官出身，所以师家希望子孙能得个文职，于是师范的曾祖和祖父皆一心苦读，然屡次不第，并都卒于应试途中。至师范父亲师问忠，终有所成，中乾隆辛酉科（1741年）乡试亚元，先后担任过晋宁州训导、天津盐课大使，诗文俱佳，著有《北上集诗稿》、《勤学录》、《鸣鹤堂文稿》等文集。

　　师范深受父亲影响，自幼刻苦好学，博览群书，据《荫椿书屋诗话》（师范著）中记载，其父对师范告诫曰："予幼时，性颇钝。年十四，汝祖父以应试卒于楚郡。无叔伯昆弟之助，因自思舍此案头物终无以报吾亲。奈日夜咿唔，旋得旋失，遂虔祷于伊供大士，并作一疏焚之炉中。甫就寝，见一人持刀启胸提予心，三洗之而去。醒后汗淫淫在，胸鬲间且犹负创痛。自是心境豁然，日有进机。予之得以承先启后，弗坠家声，皆由神佑。然亦非予之积诚，无以致此。汝当识之！"可见，师范是凭着后天的努力，弥补了先天上的不足，并秉承父亲严谨的治学精神，也有所成，并最终超越了乃父，"少即博学，下笔千言立就"（刘开《师荔扉先生传》）。1774年，师范应乾隆甲午科乡试，与其父亲一样，亦中亚元，时年23岁，其文采风流，被当时"诸先达巨公咸叹为国士"（刘开《师荔扉先生传》），然而，师范在其后的六次礼部会试中，皆不及第。

　　按乾隆年间的定制，三科以上会试不中的举人，可以通过大挑，一等用为知县，二等委以教职。1787年，师范被任命为剑川州学正，开始了他的宦海生涯，离其中举的时候，已是13年。1791年，时值西南用兵，大清官军西征廓尔喀（即今尼泊尔），军事繁剧。师范被派驻丽江，辅佐由滇入川运粮事宜，屡出奇策，"凡剑川应运，该出其手"，为西征胜利立下了汗马功劳。因督粮有功，师范受到嘉奖，并得到举荐，被选授安徽望江知县，时为1797年。然世事难料，此时，父亲师问忠猝然离世，师范按制要守孝三年。1801年，师范赴望江就职。

　　在望江，师范刚正廉

师范手迹（一）

人物篇 俊秀灵风拂

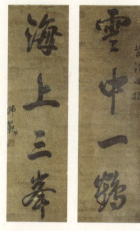

师范手迹（二）

洁，不畏权势，以爱士恤民、兴除利弊为己任，察奸靖慝，务除民害。"义之所在，虽死生利害弗挠。"曾有一厮役之不法者方伯，师范厉责而杖之；又曾有一次，有一制府委员过境，以需索故，师范愤而当面斥之，其节操品格可见一斑。还有一次，望江大饥，师范"以极灾报上，且请赈。大吏屡加饬驳，先生以去就争之，率得所请，民赖以安"。同时，师范又从一个文化人的角度出发，怜才好士，"兴学校，敦礼节"，大力发展望江教育事业。他修建了一座"小停云馆"，以作为讲学、唱和之地，自己也"时考书院诸生学业之进退，亲为讲说，士奋于学"，又将写于其里的诗文编成《小停云馆芝言》，并付梓传世。此外，师范又广泛搜集望江历代名人共四十三家的诗文，辑刻成《雷音集》，以此激励后学。有想应试而没资用者，则慨而以资。于是，慕名前来请教求学的人，"趋之如云，至则各得所求"，"求一言以为重者，来无虚日"，"而以文字就正者，自士大夫以至山人墨客，所在皆是"。于是，"是以民感其化，士力于学，风气以变。而城内三十余年未有通籍者，且继以登选也"（刘开《师荔扉先生传》）。

1808年，师范被罢官，贫不能归，只有寄居旅社，以卖文为生，或靠好友接济度日。1811年一个凄风苦雨的夜晚，师范在望江溘然长逝，寿仅六十一。走时，身无余财，唯存书籍千卷，由挚友张溪洲等合力筹办，方得将遗体入殓灵柩，并送回弥渡，葬于东山。既卒于官舍，士民悲泣，

师范一生坎坷，少年郁郁不得志，中年丧妻丧子，老年贫困交加，然坎坷的命运并没有扭曲其作为一个文人的文化品格，其诗清丽雅正，其文飘逸高洁，其史严密浩瀚。早在任剑川学正时，一方面，师范以其特殊的身份，走村过寨，教授生徒，组织科考，选拔人才，在剑川的七年中，为剑川培养了大批人才。另一方面，师范秉着一个文人的兴趣与品格，四处漫游，了解当地的地理、历史、人文掌故，撰写了他的第一部历史著作《南诏征信录》。师范认为，由明杨慎编辑的《南诏野史》中，有许多地方的记载存在谬误，应予以删正，以做到"实而有据，确而不诬"。另外，他在剑川以《资治通鉴》编年体体例编纂的《襄阳耆旧传》、《洛阳伽蓝记》等著作，也成了今天了解古代云南历史的不可多得之书。师范一生，著作颇丰，主要有《南诏征信录》三卷、《金华山樵集》二卷、《课余随笔》三卷、《雷音集》十二卷、《荫春书屋诗话》一卷、《小停云馆芝言》十册、《二余堂诗稿》，编辑、整理出《历代诗文》六十卷、《国朝百二十余家古文钞》二百卷、

《经史涂说》四十卷等。更重要的是，师范编著成了《滇系》一书。

　　《滇系》可以说是一部补《云南通志》的云南志书，系师范于晚年在贫困中所完成，嘉庆十三年（1808年）在望江县刻板印刷成书。全书共分12系（类），计40册，约45万字，全面、详尽地载述了自清嘉庆以前云南一省疆域、职官、事略、赋产、山川、人物、典故、艺文、土司、属类、旅途、杂载等方面的内容。清代著名散文家、桐城派领袖姚鼐对此书盛赞不已，称此书为"撰论古今之是非，综核形势之利病，兼采文物，传考故实，此史氏一家之美"。书中有许多精辟的论断，其中《滇南经费略论》、《滇省利弊》、《论钱法》、《缅事述略》、《征安南纪略》、《金沙江议》等篇，被收入《皇朝经世文编》中。今天，《滇系》已成为研究云南历史的宝贵文献。

【延伸阅读二】

拜会师范

　　到了弥渡，不可不去探访一下师范墓。

　　师范墓距离县城并没有多远，就大约半小时的车程，安安静静地居于寅街镇一个名叫一碗水的地方。墓修得有点气派，高4米，宽也4米，无意间，与他生前方方正正的人文品格构成了逻辑上的对应。四围是青松丛林，苍翠一片，环境清幽，与闹市有点距离，但又不远于喧嚣，这也无疑是师范人生轨迹的真实写照。高大的墓碑，优雅的环境，县级文物保护单位，师范理应享受如此尊崇。

　　从碑文看，这墓碑修建于1991年，据说是由师范后裔去台同胞师惇捐建而成，我想师范在泉下有知，多少也应该感到一点安慰。师范的生前情感有点悲戚，人生郁郁不得志也就罢了，更要命的是，在他人生刚刚有点起色、赴安徽望江任知县之际，家中一场骇人的鼠疫，夺走了家人中的几条生命，包括他最深爱的发妻和最钟爱的儿子师道南。师道南少时就文采风流，有不输乃父之势，在师范心里，师道南是传承他衣钵的希望所在，但一场瘟疫，夺走了其年轻的生命，也夺走了他的希望，况且，听到噩运的时候，是在他远赴他乡的途中。最后，穷困、潦倒、病死于他乡，灵柩由一些好友送回弥渡，

师范墓

时年正好六十一岁。而两百多年后的今天，仍有后人为他整葺荒草，增高墓碑，这也算是一种别样的补偿吧。

师范的人生和人生态度，我总觉得，浓缩甚至超越了中国文人的大部分优秀品质。师范二十四岁中乡试亚元，应该说是少有所成，但在随后的六次礼部会试中，皆名落孙山。科举不得意不要紧，还有官场，但官场也对他排挤。师范先是做了个剑川学正的官，最后做了安徽望江县知县。有意思的是，任知县不是由于担当学正累积下来的官宦资本，而是由于他的"不务正业"，为官军调运粮草立下了军功，因军功而保举为知县的。按理说，像师范这样的人生轨迹，中国的历史上多如牛毛，但师范的可贵之处在于，尽管命运对他有点不公平，但师范就是不抱怨，不堕落，以一种平常的心态对待自己的荣辱得失。任剑川学正期间，与当地文人诗酒唱和，把酒言欢，闲暇之余，考证考证一下当地历史古迹，看不出有丝毫怀才不遇的火气。朝廷以他学正之名，辅佐由滇入川运粮事宜，师范又以一介之躯，任劳任怨，勤勤恳恳，并且干得有声有色，因之而得以保举知县。任知县期间，凭着一个文人的秉性与兴趣，不谄媚权势，为百姓的丁点利益而不惜与上级怒目相对，干好"正事"之余，又极力发展当地的教育事业，怜才好士，开辟"小停云馆"以礼贤士大夫。并且对那些寒士，拿出自己本就不多的薪水，资助他们上京赶考，结果在卸职之后，自己贫不能归，滞留异乡，在贫病中死去。

师范的一生，看似有点逆来顺受，但其实这是一种很崇高的人生心态，不管遇到多大的际遇和挫折，皆能淡定从容，真的做到了"不以物喜，不以己悲"，这种境界，说起来容易，做起来难。这在他的诗文里面得到了回应。他的诗文清丽雅正，不带任何沉郁消极之气，也没有任何清高孤傲之感，一套洋洋洒洒计四十五万字、达四十册的《滇系》也在他磕磕碰碰的人生中不紧不慢地得以完成。

当师范独自一人在默默整理《滇系》时，纪昀正在率领着他的团队热火朝天地编撰着《四库全书》，赵藩的《云南丛书》至少要在一百二十年后才横空出世。有了《滇系》，周钟岳、袁嘉谷、方树梅他们在编撰《新纂云南通志》时，就省了很多力气；云南很多地方的历史文化和典故，也就不至湮灭在漫漫历史长河之中。

【深度阅读】

师荔扉先生传

（清）刘开

故望江令师荔扉先生既卒之逾月，其友人程子雪门贻书告余曰："先生之学行卓绝，不可无言以传，子其志之。"余不敢当程君之请，而义不容默，且恐天下相震以文章之名，而不尽知先生之实也。

先生生有异才，下笔千言立就，于书无所不窥。年二十一，以云南乡试第二名入都，巨公先达，咸叹为国士，而惜其不遇。后挑补剑川学博，卒以军功获举，授望江县知县。当西南用兵之时，军事繁剧，州郡承应，惧不能给。先生以闲曹受当事之知，委理州事，处之欲如，且出奇策以济军饷，一时赖之。及莅望江，以整风励俗为任，察奸靖慝，务除民害。岁大饥，先生以极灾报上，且请赈。大吏屡加饬驳，先生以去就争之，率得所请，民赖以安。明年，先生以运军需，自楚回任，凡前所举行未尽者，悉竟其功，扩其事，而要寓以宽仁。兴学校，敦礼节，建塔以补形胜，士有长誉之如恐不及。每岁捐数百金，以资书院诸生，而时考其学之进退，亲为讲论辨析，如是者不倦。又搜刻望江诸先辈遗文，以风后进。应试则各给以资，其作养教诲而奖劝诱掖以冀其成者如此。是以民感其化，士力于学，风气一变。而城内三十余年未有通籍者，且继以登选也。

先生慷慨有大节，重然诺，自幼倜傥多能。凡有关民生国是者，莫不考求实用，尤熟于水利边防事宜，指陈古今，悉中利害。性果毅，任事。邑有大狱，多所矜全。事上不受贬屈，制府委员过境，以需索故，先生面呵之。杖方伯、厮役之不法者，方伯由是益重先生。凡在望江前后八年，一介不苟，而节己以恤孤寒。生平交游遍天下，未尝负一人。有负先生者，先生恬然无憾，好贤之心不懈，非徒笃于旧谊，不以存亡得失易志而已。故能提倡风雅，宏奖人才。四方之士，趋之如云，既至则得其所。远近藉以举火者，不可胜数；求一言以为重者，来无虚日。而以文字就正者，自士大夫以至山人墨客，所在皆是也。此岂嗜学爱才之出于好名哉，盖天性然也。

惜乎以疾去官，未能尽展其用。既卒于官舍，士民悲泣，故交之未受恩者，且为经纪丧事，竭力以济其困，哀叹之情，不啻私戚。而先生平日之节概，可想见矣。夫卿相有作人之权，尚难厌服人心，先生一县尹，而意气感召，海内风谊，倾动贤豪，岂不异哉！先生没，而世鲜有其人矣！余知先生为最详，故备述其梗概，以待贤人君子之论次，使天下知先生之卓绝可传者，固不徒以文章之名也。先生诗集文集，久出问世。晚成《滇系》百卷，为西南不可无之书，有志时务者，必将有取尔也。

先生赵州人，讳范，字端人，自号荔扉，既又号为金华山樵。卒之日，惟存书籍千卷。余与雪门，流涕检录之。

【作者简介】刘开（1784—1824）：字明东，又字方来，号孟涂，清代桐城（今属枞阳陈州乡）人。散文家，桐城派古文重要作家，深受桐城派领袖姚鼐赏识，著有《孟涂前集》等。代表作有《问说》，被选入中学语文教材。

人物篇 仁秀灵风拂

谷际岐 Gujiqi

弥阳万花溪

（清）谷际岐

碧水明如黛，红桃烂似霞。
秦人今未有，月却满花溪。

彩云别墅

（清）谷际岐

一室萧然傍凤城，自公多暇有余清。
春寒漫听花消息，秋澹方知水性情。
偶尔棋枰留客对，随时柳陌见人行。
举头长是亲红日，云彩何曾隔万程。

和谷西阿太史韵

（清）师范

依然菊秀与兰芳，去雁来鸿各自忙。
行脚心如铁罗汉，新声调入小秦王。
一窗风雨游仙梦，廿载功名选佛场。
回首昆华辛苦地，魂销七十二鸳鸯。

【作者简介】谷际岐：见《建宁铁柱三首》作者简介。
师范：见《弥渡五君咏》作者简介。
【注释】
谷西阿：即谷际岐，谷际岐字凤来，号西阿，曾官过福建监察御史，所以作者称呼谷为"太史"。这首诗对谷际岐的一生进行了高度概括，并对其进行了高度赞扬。

【延伸阅读一】

铁骨铮臣谷际岐

谷际岐，字凤来，号西阿，于 1739 年生于弥渡谷芹的一个书香家庭，祖父为赵州学生，父为国子监生。

谷际岐属大器晚成者，乾隆三十年（1765 年），方才选拔贡，中副车，时年已 26 岁。时至乾隆三十九年（1774 年），中甲午科乡试解元（同乡师范中亚元），其才华才终得以展现，随即在接下来的会试（1775 年）中，一路高歌，中进士，入翰林院庶常馆，开始了其可歌可泣的宦海生涯。1778 年，谷际岐任散馆御授检讨，参与校修《四库全书》，后封任国史撰修、武英殿提调官、咸安宫官学总裁等职。

然而，谷际岐一生功勋最著者，不是于翰林院内任国史撰修，而在其任御史期间，不畏强权，为民请命，屡次参劾权贵，在腐败已深入骨髓的大清朝廷中，树立了一股清风。

清嘉庆三年（1798 年）冬，谷际岐已近耳顺之年，受封福建监察御史。时逢白莲教起义风起云涌，朝廷四处镇压，但多年未平。谷际岐明察暗访，赫然发现，很多地方官员不仅不尽力征讨白莲教，反而趁机营私舞弊，乱扣军饷，大肆敲诈勒索，在当地闹得鸡犬不宁，百姓难以安居乐业。于是，怀着愤恨之情，两次上疏，参劾陕甘总督宜绵、陕西巡抚秦承恩、武昌府尹常丹葵等人趁征讨之机中饱私囊，肆意掳掠，残害无辜，力陈"官逼民反"的情由。嘉庆皇帝阅后，大怒，严惩贪官，并升谷际岐为礼部给事中，稽查南新仓，巡视中城。于是，谷际岐声誉大振，宦海生涯达到顶峰。随后，他又两次

谷际岐手迹

上疏参奏云南盐运及赋税中的私弊，陈述"加额加课"，"剥削太甚"，致使"民不堪命"，"难忍尽言"的事实，主张惩治贪官，改"官运官销"盐法，而行"灶煎灶卖，民运民销"之法，但由官府征税的新制，得到朝廷的欣然采纳。

然清流总是遇到浑浊之水的污渍。1802 年，谷际岐上疏，举奏两湖总督陈辉祖的家奴蔡永清勾通权贵，行贿朝中重臣，以"无尺寸之功而官秩五品"，直指大学士庆桂、尚书朱圭两大权臣，劾其贪赃枉法、以权谋私，请求嘉庆皇帝，罢免其职，"以示天下"。但这一次，嘉庆帝以"诋毁大臣，所举劾不实"之名，给他以降职处分，补刑部员外郎。至此，谷际岐的御史生涯黯然结束。

谷际岐的御史生涯从 1798 年开始，至 1802 年结束，

人物篇 伫秀灵风拂

谷际岐手稿

不到四年时间，但其不畏权势的铮铮铁骨谏臣形象永远留在了大清朝的历史里，也留在了人民的心中。《清史稿》将他列为大清朝"谏臣"榜上的第五位，其评价是："廉公有威，捧简待业；不避强御；峻操贞行，台阁生风。"

与谷际岐铁骨铮臣形象齐名的，是其对教育事业的倾心投入。其一生中，两度主讲书院，虽共只有短短八年时间，但足可称一代名师。后人同乡李彪，因仰慕其为人，把自己一生的精力皆投入教书育人之中。1781年，谷际岐在京任职期间，因母病危，告假归乡里，母逝后尽孝。第二年，受云贵总督富纲聘请，主讲昆明最高学府五华书院，1784年其父病故于昆明，他又扶柩回弥渡安葬，结束五华书院之请。三年间，门下弟子多达300余人，因"教士有法"，乾隆四十八年（1783年）、五十一年（1786年）两次秋试，中举者达54人。一时之间，"滇中名流大半出其门下"，誉满省城，深受时人敬仰。

1810年，谷际岐以病为由，辞去知府之职，准备回归故里，于次年夏天途经扬州时，受两江总督百龄、两淮盐政使阿克当的盛情邀请，主讲扬州著名学府梅花书院新设的"孝廉会文堂"。谷际岐盛情难却，只好留在异乡。主讲梅花书院期间，持续五年，谢绝一切社交，潜心治学，倾心传道授业解惑，"以自守为本，有用为宗，不尚谈说，而词旨清穆可诵，为有德之言"，培养出一批出类拔萃的门生。慕名前来求学之人，络绎不绝，经其指教，学业无不长进。1815年12月5日，心力憔悴的谷际岐在他乡溘然长逝，终年76岁，灵柩殡存扬州。若干年后，其外孙长大成人，灵柩才得以归葬弥渡。离世时，"扬州诸生徒，共同为其卜地于城北紫竹庵侧，素衣纨绂，异声同叹"。

谷际岐一生勤勉，垂暮之年，仍笔耕不辍，著述不已，儒家典籍主要有《五华讲义》之传世著作，诗文集主要有《西阿诗草》、《彩云别墅存稿》、《采兰集》、《龙华山稿》等，并辑有《历代大儒诗钞》一书，此外，还著有《学易秘旨》、《历法秘旨》、《声调谱》等卷。《西阿诗草》是谷际岐代表作品，全集分为三卷，卷一主要写诗人养病、隐居、读书、郊游时的生活情景，赞美家乡山水风光以及田园之趣，这些诗应于1784至1795年间，作者在家守孝时所作。卷二主要收录其在京为官时所写作品，大多是怀乡和宦海感慨之作。卷三中的作品主要是谷际岐在扬州唱和时所写的诗文。

【延伸阅读二】

谷际岐

如今，谷际岐的墓在密社。在他的身后，是一大片郁郁葱葱的山林群峦拱卫。生前，他把弥渡这个名字带到了北京城；死后，他仍默默庇护着这片生他养他的故土。

现在来评价他，主要是从两方面来入手，一方面是作为文人官场的谷际岐，一方面是作为官场文人的谷际岐。

先说作为文人官场的谷际岐。谷际岐的宦海生涯以出任监察御史为分水岭。出任御史前，考举人，中进士，点翰林，任国史撰修，一帆风顺。这阶段，对谷际岐来说，纯粹就是修炼一个文人的书生本色过程，上点班，写写诗文，治治学问，日子过得波澜不惊，但也过得逍遥自在。1798年成了谷际岐人生的转折点。这一年，即清嘉庆三年，谷际岐受封福建监察御史，时逢朝廷派兵镇压白莲教起义，多年未平。职责在身的谷际岐经过明察暗访之后，惊奇地发现，镇压白莲教起义之所以屡屡失手，这里面很大的一个原因就是因为很多官员趁征讨之机营私舞弊、中饱私囊、克扣军饷，大发战争财，并肆意掳掠、残害无辜，以致官逼民反，不得安宁。于是，按捺不住一个文人的正直本色，两次上疏，参劾陕甘总督宜绵、陕西巡抚秦承恩、武昌府尹常丹葵等人的罪行，得到了嘉庆帝的准奏和奖赏，升任他为礼科给事中，稽查南新仓，巡视中城。

故事发生到这里，如果谷际岐就此打住，皇帝高兴，他也积攒了政治资本，也算是皆大欢喜，但谷际岐首先是一正直文人，正直文人怎么也约束不了自己的文人本性，三年后，上疏举奏两湖总督陈辉祖的家奴蔡永清勾通权贵，行贿朝臣，以"无尺寸之功而官秩五品"，连同举劾大学士庆桂和尚书朱圭贪赃枉法、以权谋私，要求罢免其职，"以示天下"。这一次，由于牵涉到的面太广，根太深，连嘉庆皇帝也招架不住，最后，嘉庆帝以"诋毁大臣，所举劾不实"之名，将谷际岐降职补刑部员外郎。从此，谷际岐的身影再也没有闪现在皇帝的面前。

当心中的那份净土被污染，文人出身的谷际岐对官场就不再留恋，几年后，挥挥手，以病为由，辞职返乡，与官场做了一个潇洒的告别。

再说作为官场文人的谷际岐。谷际岐应是弥渡文人中，官做得最大的，但他官做得再大，也不改自己的文人本色，不管是春风得意，还是身处惊涛骇浪之中，皆能笔耕不辍，著述不已。闲暇之余，还不忘对教育事业的倾心。曾两度主讲昆明五

华书院，门下弟子多达300余人，因"教士有法"，乾隆四十八年(1783年)、五十一年(1786年)两次秋试，其门下中举者就达54人。一时之间，"滇中名流大半出其门下"。挂印辞职返乡那年，途经扬州，受不了两江总督百龄、两淮盐政阿克当聘请以主讲扬州梅花书院的劝说，又停下返乡的脚步，谢绝势交，潜心治学，传授弟子，又培养出了

谷际岐故居

一批出类拔萃的门生。五年后，终因心力憔悴，谷际岐倒在了书院讲坛之上。去世时，"扬州诸生徒共同为其卜地于城北紫竹庵侧，素衣纨绋，异声同叹"。

谷际岐的一生，的确值得大书特书。

【深度阅读】

清史稿·列传·谷际岐

谷际岐，字西阿，云南赵州人。乾隆四十年进士，选庶吉士，授编修，与校四库全书。充会试同考官，所拔多知名士。乞养归，主讲五华书院，教士有法。连丁父母忧，服阕，起原官。

嘉庆三年，迁御史。时教匪扰数省，师久无功，际岐遍访人士来京者，具得其状。四年春，上疏，略曰："窃见三年以来，先帝颁师征讨邪教，川、陕责之总督宜绵，巡抚惠龄、秦承恩；楚北责之总督毕沅、巡抚汪新。诸臣酿衅于先，藏身于后，止以重兵自卫，裨弁奋勇者，无调度接应，由是兵无斗志。川、楚传言云：'贼来不见官兵面，贼去官兵才出现。'又云：'贼去兵无影，兵来贼没踪。可怜兵与贼，何日得相逢？'前年总督勒保至川，大张告示，痛责前任之失，是其明证。毕沅、汪新相继殂逝，景安继为总督。今宜绵、惠龄、秦承恩纵慢于左，景安怯玩于右，勒保纵能实力剿捕，陕、楚贼多，起灭无时，则勒保终将掣肘。钦惟先帝昔征缅甸，见杨应琚挑拨掩覆之罪，立予拿问。今宜绵等旷玩三年之久，幸荷宽典，而转益怀安，任贼越入河南卢氏、鲁山等县。景安虽无吞饷声名，而闇昧自甘，近亦有贼焚掠襄、光各境，均为法所不容。况今军营副封私札，商同军机大臣改压军报。供据已破，虽由内臣声势，而彼等掩覆偾事，情更显然。请旨惩究，

另选能臣，与勒保会同各清本境，则军令风行，贼必授首。比年发饷至数千万，军中子女玉帛奇宝错陈，而兵食反致有亏。载赃而归，风盈道路，嘲之者有'与其请饷，不如书会票'之语。先帝严究军需局，察出四川汉州知州与德楞泰互争报销，及湖北道员胡齐仑侵饷数十万，一则追赔，一则拿究。他属类此者必多，尤宜急易新手清釐。则侵盗之迹，必能破露，不但兵饷与善后事宜均得充裕，销算亦不敢牵混矣。"

间又上疏曰："教匪滋扰，始于湖北宜都聂杰人，实自武昌府同知常丹葵苛虐逼迫而起。当教匪齐麟等正法于襄阳，匪徒各皆敛戢。常丹葵素以虐民喜事为能，乾隆六十年，委查宜都县境，咏诈富家无算，赤贫者按名取结，纳钱释放。少得供据，立与惨刑，至以铁钉钉人壁上，或铁锤排击多人。情介疑似，则解省城，每船载一二百人，饥寒就毙，浮尸于江。毙狱中者，亦无棺殓。聂杰人号首富，屡索不厌，村党结连拒捕。宜昌镇总兵突入遇害，由是宜都、枝江两县同变。襄阳之齐王氏、姚之富、长阳之覃加耀、张正谟等，闻风并起，遂延及河南、陕西。此臣所闻官逼民反之最先最甚者也。臣思教匪之在今日，自应尽党枭磔。而其始犹是百数十年安居乐业人民，何求何憾，甘心弃身家、捐性命，铤而走险耶？臣闻贼当流窜时，犹哭念皇帝天恩，殊无一言怨及朝廷。向使地方官仰体皇仁，察教于平日，抚弭于临时，何至如此？臣为此奏，固为官吏指事声罪，亦欲使万禩子孙知我朝无叛民，而后见恩德入人，天道人心，协应长久，昭昭不爽也。常丹葵逞虐一时，上壅圣仁，下殃良善，罪岂容诛？应请饬经略勒保严察奏办。又现奉恩旨，凡受抚来归者，令勒保传唤同知刘清，同川省素有清名之州县，妥议安插。楚地曾经滋扰者，亦应安集。臣闻被扰州县，逃散各户之田庐妇女，多归官吏压卖分肥。是始不顾其反，终不原其归。不知民何负于官，而效尤觊忍至于此极？若得惩一儆众，自可群知洗濯。宣奉德意，所关于国家苞桑之计匪细也。"两疏上，仁宗并嘉纳施行。寻迁给事中，稽察南新仓，巡视中城。

云南盐法，官运官销，日久因缘为奸，按口比销，民不堪命；又威远调取民夫，按名折银，折后又徵实夫，迤西道属数十州县，同时閧变，解散后不以实闻，官吏龁法如故。际岐上疏痛陈其害，下云南督抚察治。总督富纲请改盐法以便民，巡抚江兰方内召，欲沮其事，际岐复疏争。初彭龄继为巡抚，际岐门下士也，熟闻其事，始疏请盐由灶煎灶卖，民运民销，一祛积弊，民大便。语详盐法志。

李彪 Libiao

香山庙序

（清）李彪

　　吾弥香山庙，旧祀大王龙王及卫房圣母痧痘之神，为弥川名胜之境。考大王本汉时张仁果及武侯平南所封张龙佑那。世守昆弥白崖者也。自张乐进求逊位于蒙氏，中间历郑、赵、杨、段，唐宋元明以至于今。而王之功德未衰，合川崇奉，可见，当日辟山林而徙平地，民之享其泽者久矣。庙貌辉煌，累代增修。殿左兼祀大庄龙王，其江名昆雌，其源出朵古。两河沃壤，千仓万箱，皆吾神之所赐也。每岁仲秋，士民办香顶祝，传为盛典。凡水旱疾疫，咸聚祷焉。后殿祀圣母子孙诸祇，凡祈嗣保产、育婴、散花，均蒙福佑。斯山之灵，盖合郡所艳称者也。年来为兵火所残，又左右两傍基址宏敞，乡父老聚首而言曰，是不可以不修矣！乃相度阴阳，增修左右两厢及大门中楼二停，改置下堂，补添北角，於乙丑年闰五月兴工，至丙寅年十月落成，所需材木米钱，皆乡邻善信踊跃捐助。首尾肩任其事者，育吾邑魁士董君及两河乐善诸君子，此亦山林群神之所默助，乃能增厥大观也。由是而培植风气，而安妥神祇，别于龙祠后楹，设立香山书院，捐筹租息，以为延师教读之资，庶几兵燹之余，弦歌四起，可以复当日文献之盛焉。

　　夫饮水思源，受施图报，所有捐助功德，岂可没而不彰。爰借片石，以著宏勋。且俾后之君子，有所观感而兴起云。是为序。

　　同治五年岁次丙寅，甲辰乡进士李彪撰。

【作者简介】李彪（1818—1896）：字星海，号菊村，又号抱虎山人，弥渡大庄营人。道光甲辰科（1844年）举人，官至、安宁州学正，主讲大理西云书院。其学识渊博，一生著述甚多，主要有儒学著作《四书浅解》、《读易浅说》等。楹联与书法俱佳。

【延伸阅读一】

一代名师李彪

李彪，字星海，号菊村，又号抱虎山人，于清嘉庆二十三年（1818年）生于弥渡大庄营一个雇农家庭。幼年丧父，家境清寒，母亲白天帮地主家庭打短工，夜间编织草鞋，以维持家庭生活，并供养他上学读书。就是这样一个贫苦家庭，成就了一代滇西名师——李彪。

少年李彪，就读于当时弥渡名师王景坡先生门下，在食不果腹中，昼夜苦读，孜孜不倦，"每午间自塾归，辄拾豆以食，倾刻即返"。天资的聪颖，加上刻苦攻读，使得李彪在私塾中皎皎不群，成为众多学生之翘楚，也深深打动了先生的心。先生念其贫苦，把他收留在私塾，与之共食宿，并免交一切费用。李彪感激涕零，愈加奋发。1834年，李彪得府试秀才第一名，补博士弟子员，时年16岁。中秀才后，李彪声名大噪，闻名乡里，受聘于小西庄余家塾师。余家系乡宦豪门，藏书甚丰。李彪于教书之余，遍览楼中之书，不分昼夜寒暑，废寝忘食，学识大有长进。1838年，李彪离开弥渡，去大理桂香书院就学。在汇集众多学中精英的桂香书院，李彪亦出类拔萃，卓尔不凡，"迤西道罗天池器之，期以远道"。1844年，中道光甲辰科乡试举人，时年26岁。然惜其多次进京应礼部会试，因其文风不切八股，且生性秉直，"皆报罢"。

李彪故居

李彪虽博学多才，但其生性淡泊放达，清廉正直，不喜钻营，不慕虚荣，在滇西有"友直、友谅、友多闻"之誉，故至耄耋之年，从始至终，无显达之日。1856年，大理杜文秀起义反清，李彪避其战乱，隐居弥渡天目山密云寺，"凡十八年足不履城市"，潜心研究学理，著书立说。杜文秀闻其名，曾"三顾茅庐"，促人以重金聘其出山，然均被李彪拒绝。1874年，吏部终于遴选李彪任广西北流知县，后改授安宁州学正，时年，李彪已进入知天命之年。1878年，经云南总督岑毓英推荐，到大理主讲西云书院。1881年，受岑毓英委聘，李彪前往昆明，与滇名流学士共修《云南通志》，主笔天文、地理分志。修完后，岑以彪"品学兼优堪矜式，

人物篇 伭秀灵风拂

疏请叙奖，赏嘉国子监学士衔"，并有意留李
彪在府内任职，但被婉拒。

李彪手稿（一）

　　1892年，已逾古稀的李彪迎来了他生命
当中最为辉煌的时刻。这一年，朝廷督学使高
钊中前往大理地区巡视，与李彪会于祥云县清
华山，二人讲学达旦，甚为投机。高对他的著
述深为折服，离别时，携其所著《读易浅说》，
进京向皇上具疏以闻。经朝廷众多太学博士研
究，认为此书注释超前，解义不凡。光绪帝龙颜大悦，赏李彪翰林内阁中书衔，
并赐建"恩荣坊"一座于大庄营前。至此，李彪在其垂暮之年，其才华终于得到
了朝廷的承认。光绪二十二年（1896年），李彪在家无疾而终，享年78岁。

　　李彪一生，把大部分时间都献给了教育事业。弱冠之年，举秀才，随后即以
塾师身份从教于家乡余氏家族。中举后，遂即回弥渡，讲席奎光龙文书院，为乡
人所敬重，成弥渡一时之美谈。1878年，受云南总督岑毓英之托，以耳顺之躯来
到大理，主讲滇西最著名的书院——西云书院，轰动一时。期间，学生如过江之鲫，
纷至沓来，"滇西知名之士多出其门"，滇东、滇南及滇北的后生亦慕名前来求
教于门。在修完《云南通志》之后，婉言谢绝云贵总督岑毓英留任总督府内之请，
决然辞别回乡，倾情桑梓，继续于大理西云书院和弥渡中和书院之间来回奔波。
暮年，李彪辞馆返乡，于大王庙创建"香山书院"授徒，临终前三天，仍执教讲堂，
以《论语》"下学而上达，知我者天乎"二句命题，课士弟子。纵观李彪从教一生，
以其渊博学识，旁征博引，绵密浩荡，治学谨严，然毫无迂腐之嫌。无论是任余
家启蒙塾师，还是主讲滇西最高学府，均力倡因材施教，文道并举，传道解惑，
皆深入浅出，循循善诱。一代师表，桃李满园，时人誉其为"文才出众世人赞誉，
德行超群社会恭维"。

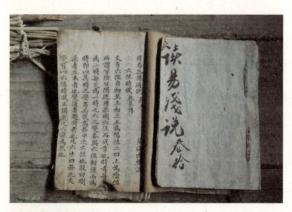

李彪的《读易浅说》

　　李彪出身贫寒，自小养
成吃苦耐劳之精神，不管是
在授道之暇，还是在羁旅之
地，仍不忘孜孜苦读，故其
一生著述甚多。儒学著作除
那本得到光绪帝赏识的《易
经浅解》外，还有《读易浅
说》、《周易标义》、《性统》
等鸿篇巨制；其诗文雅正清

和，著有《星海诗文集》；又工书画，其书法古拙清新，画作用笔雅逸，有《滇南书画录》存世。另外，李彪倡导学习俗学，不专攻一家，凡阴阳经纬、周髀九章、风历星角、孤虚五相、蓍卦札笺等，无不探索，著有《爻位阴阳说》、《五纬考度》、《吕律算草》、《天根谈》、《彖象合参》、《筹算法》、《辞占辩例》、《祇可自怡草》、《游戏偶存》、《孝子必读》、《戒烟歌》等等，令人慨叹。当然，最令今人所津津乐道的，是李彪的楹联了。至今，弥渡等地仍传颂着他的许多轶闻趣事。

李彪手稿（二）

"滇人善联"，李彪显然应名列其中。今弥渡铁柱庙门楹联即为李彪所作。"芦笙赛祖，毡帽踏歌，当年柱号天尊，金镂翔环遗旧垒；盟石掩埋，诏碑苔蚀，几字文留唐物，彩云深处有荒祠。"书法清新潇洒，形式平仄工整，既有对庙会的生动记叙，又有对斑驳遗址的幽幽描写，于记叙描写中饱含深沉的历史慨叹，足以称为楹联中的典范之作。李彪为人谦和，交游甚广，乐于助人，邻里远近相邀，请其书联、撰志，皆有闲必往，故在今大理、弥渡、祥云一带，其墨宝随处可见。弥渡中和书院联："山川之灵秀，愈出愈奇，有志后兴，莫辜负铁柱名区，彩云胜地；学问之功夫，越修越密，多才蔚起，当恪守鹅湖正轨，卢洞遗规。"香山书院联："相如使节，诸葛天威，开蒙、郑、杨、段之先，名标铁柱；玉斧既挥，革囊再渡，历唐、宋、元、明之古，德护金汤。"等等，无一不是书、文俱佳之作。

纵观李彪一生，虽没有闻达于诸侯，然其清廉一世，为师一生，俯仰皆无愧于天地。生前居无高宅深院，死后无丰碑高塔（其墓在大王庙后一里的山上），留与后代子孙的，仅"墨莊"二字，但李彪已树立起了一座无形的丰碑，耸立在今弥渡、大理乃至全云南人的心中。

人物篇 俊秀灵风拂

【延伸阅读二】

安息吧，李彪

相比于师范的墓，李彪的墓显得有点寒碜，土丘一堆，长满凄凄衰草，唯有耸立在前端的墓碑能证明这里安息着一颗让人敬仰的灵魂，但也显得老态龙钟，皱纹深深。

李彪的墓，真不应该显得如此破落。不论其他，只说他从教一生，门下弟子虽说不上三千，但也至少是以千计，他们，生前都到哪去了？应该说现在很多弥渡文人的字迹，仍然深受李彪书法的润泽，因为他们的祖父辈很有可能就聆听过李彪的讲读声音。他们，在路过墓前的时候，是否也应该顺手薅一下坟上的败草？

李彪生前不求显达，默默耕耘于讲坛，生后墓碑也如此平凡。其贫寒出身，最后又回归于素朴，这本身就是一种水到渠成的逻辑。真正的名家古迹无须用华丽来装裱，许多时候，华丽的装饰反而成了一种多余的摆设和累赘。如果把孔子描绘成一个英俊潇洒的帅哥，会是一番怎样滑稽模样。安息吧，李彪，墓外风轻云淡，云卷云舒。

师范死后的第八年，李彪才出生，二者相差有一甲子多一点的时间，如果他俩生前在时间上重叠，一定会成为至交，因为，他俩在人生际遇、价值取向、人格坐标等问题上竟然惊人地趋向一致，只不过表达人生态度的方式不同罢了。师范的名片首先是个小吏，在古老的中国，即使是个小吏，对于一个文人来说，也有了一个施展自己才华的舞台。师范在望江就按照自己作为一个文人的兴趣，多多少少发挥了一点自己的才情。而李彪的履历则是完完全全的一介布衣，就是有，也是年近耄耋之时被御赐一个只有虚名的翰林内阁中书衔。同样在古老的中国，一介布衣生前想彰显其价值，实在有点难度，但李彪把难度熨帖成了平常，以一个讲席的身份就轻轻松松地把才情释放了出来。讲席的身份使李彪浪迹于民间但又清高于民间，藕丝于官场但又游离于宦海，于是，李彪的学术就有了自尊，人格就有了品位，品格就有了厚度。往返于昆明、大理、弥渡的书院之间，在讲席上倾泻着满肚子的学问，在书集跋序上挥洒着锦绣文章，在山林庙宇间展示着俊秀书法。李彪的一种优秀文化品格就这样散发开来，与师范构成了一种遥远的呼应。

李彪混迹于官场的机会并不是没有。1856年，杜文秀起义反清，李彪避战乱隐居弥渡天目山密云寺，"凡十八年足不履城市"，潜心研究学理，著书立说。杜文秀曾三次派出使者携重金聘他出山辅佐，颇有诚意，但均被李彪拒绝，拒不出山。1881 年，云贵总督岑毓英以他"品学兼优堪矜式，疏请叙奖，赏嘉国子监学士衔"，并意留在府内任职，但被李彪婉言谢绝，辞别回乡，尽桑梓义务，继续穿梭于大理与弥渡之间，主讲西云书院和中和书院。讲坛，才是他的精神栖息之地，官场，只是过眼烟云。

这就是李彪，为了一份文人的完整独立品格，而不惜放弃许多身外之物。据说，今天的大理地区，仍然流传着他的许多逸闻趣事。是的。身后的斑斑墓碑、凄凄衰草不再重要，重要的是精神之流传。

大庄荣恩坊

人物篇 优秀灵风拂

周秀岐 Zhou xiuqi

画家周秀岐

　　国立艺专的毕业生，国画大师潘天寿的弟子，33岁时举办个人画展，云南省美术家协会首批会员，其作品在他晚年时备受推崇，政府组织有关单位特意为他举办个人画展……这就是弥渡画家周秀岐。这个在云南美术界不能忘却的名字，虽然足迹已悄然远去，但他的画，他的人生……现今已成为传奇，让后人敬仰不止。

　　周秀岐是弥渡县弥城镇南屏街人，自幼喜爱图画，具有非凡的绘画天赋。考入大理国立中学后，倾心跟李幼禹老师习画。1939年，25岁的周秀岐从昆明八属中学考入国立艺专，师从潘天寿、吕凤子、吴茀之等绘画大师。毕业后，周秀岐到成都师范学校任教。1947年，先后在昆明、重庆举办过"个人画展"，引起画界不小的震动，被画界同仁誉为青年画家。新中国成立后，在同学的邀请下，周秀岐回到昆明，在昆师教授美术。然而，因带学生到大理实习写生"三塔"风光时，不幸被人当作画地图的特务抓进公安局。因此，他于1954年调往云南省植物研究所工作。但1957年到西双版纳写生植物标本时，又被当地民兵认为是画边界图的坏人抓起来。因这次受到了凶狠的恐吓，他精神因此受挫，回到昆明时常夜不能寐，无法工作。本来以视绘画为生命的他，却被安置在标本描绘的劳作上，加上城市的喧嚣，他的思想因此发生了极大改变，心情很不愉快。于是，1959年周秀岐退职回到弥渡，目的只希望有个清静之所让他能专心从事他的绘画创作，由此想到了"世外桃源"鸡足山。不久，在亲友们的帮助下，他实现了他的愿望，"落足"鸡足山，边养病，边作画。

　　在鸡足山，尽管条件艰苦，却是周秀岐创作最丰富的时期。这时的他，心情宁静，天天绘画，在纸上画，在地上画，在墙上画，哪怕是饿着肚子，也不停止自己手中的画笔。雷音寺里，他冒着严寒用水粉写生茶花（《爆放山茶》），悉檀寺前他用水彩画下了瀑布山泉（《银色飞瀑》），祝圣寺里挂上了他的鸡足山全景图（《鸡足山全景》）……云南人民出版社出版发行了他的《八哥》、《白孔雀》、《海棠小鸡》等作品。1960年，中国美术家协会云南分会成立，他成了首批会员，且是当时大理州唯一的会员人选。他的画受到了专家们的喜爱，省美协的办公室里挂上了他画的鸭子、孔雀。云南著名画家袁晓岑先生也为他推荐出售作品，向他伸出帮助之手。

　　然而，1962年的一天，周秀岐被当地组织通知要他离开鸡足山。于是，他不得不离开鸡足山，先是被沙址街的一位小学教员接他到学校住下作画，不久又被外甥接回弥渡。此时，饱尝艰辛的周秀岐，倍感人间温暖，奋力作画，有时一天便作画10多幅。他画的双龙桥，沸腾的水库工地，金色的打场，清晨的菜市，春天的天生桥，热闹的猪市，无不充满了生活气息和泥土芳香。

　　但就是这样仅有的一点创作空间，不久也被剥夺了。在1963年的那个时代氛围里，有声音发话了："周秀岐的山茶、牡丹不是齐放、怒放，而是爆放，是爆炸形的，流露了他对现实的不满，这种作品跟不上时代，不能展览也不能出版。这种作品是有政治问题的。"于是，一个"帽子"就否定了这个正奔向绘画顶峰的画家的才华与努力。于是，为了糊口，周秀岐在建筑社的美术服务部搞些实用美术，画些山墙花边、门画，为群众结婚喜庆画点花鸟，然后在花鸟画上剪贴个大红喜字之类的东西。有一天，因为劳累了许多，才拿到一点点报酬，他愤怒了，与有关的人大吵一顿后，就狠心一把火烧了纸笔，发誓从此不再作画。这一封笔，就是整整二十五年！

　　中共十一届三中全会后，在落实党的政策中，云南省植物研究所每月补助周秀岐生活费35元，使得他生活相对稳定。1988年10月，在大理州政府、州政协、州文化局、弥渡县人民政府等单位的联合举办下，"周秀岐先生画展"在大理州博物馆开展，赢得了中外来宾的赞誉。大理州群众文艺丛刊《点苍山》第2期（总14期）在封面和封底发表了他的《海棠小鸡》和《双鹅》画作，并发表了弥渡县人民政府县长段增庆为画展的题词手迹：浩气腾云志，热血献艺海。此时，已是75岁高龄的周秀岐非常高兴，发表了绘画感言："画了画就要给人看，一个人说好不算好，要大家说好才算好。"

　　正当周秀岐心潮澎湃、准备重挥画笔的时候，1988年11月13日，他不幸在弥渡西门外西瓜井洗冷水澡时气绝身亡。一位饱经风霜、备受冷落的绘画大家，就如此离世，留给世人无尽的叹息。政协弥渡县委员会为他举行了隆重的追悼会。

　　周秀岐是一个现实主义画家。当今天的我们，再一次审视周秀岐的画时，可以发现：尽管他饱经沧桑，受尽了折磨，但他的画作仍然充满了浓郁的生活气息，洋溢着"真、善、美"，全无那种愤世嫉俗或者故作高雅的无病呻吟。他的画大多是：林间，一缕阳光照着几个少年放马牧羊；双龙桥上几个身穿艳丽服装的姑娘赶着羊群，盛开的桃花伴着桥下清流的河水；插秧的人们；小马车队，水库工地，场院里的人们扎草盖房，马、驴、水牛、黄牛、鸡群各在小憩觅食；清晨，长长

的送粪队伍和耕牛的叫唤打破了田间和西山的沉睡；高大的黄杨树下马群在溜达、饮水；夕阳把树林照得血红，劳作了一天的人们骑在牛背上，扛着犁头、锄头，唱着、哼着、吆喝着归来；牧羊人走在烟霭蒙蒙的乡间小路上；溢满水渍淋漓趣味的林间，马群在悠闲地吃草；棕榈树下，随风波动的山草欢送几个背书包的放羊娃远去；金黄色的打场上，翻飞舞动错落起伏的连杆；人声嘈杂、交换买卖的猪市场；弥渡春天的天生桥；清早的菜市场；拉煤的马车，璀璨如霞的桃树下的牛群；牵牛耙田搅起的涟漪；木桥上赶着牛马的彝族妇女；蒸汽缭绕的酒坊里，忙着酿酒的男人们……这些作品，无不实践着他"我画的是真正的艺术品，是现实主义的作品，我只当现实主义画家"的信念。他画的是真正的大自然，除却大自然中"风景"这一局部之外，他觉得风景之美更多的是因为人的存在，所以他赞颂的是大自然中最令人销魂和共鸣的"人"。同时，在他的作品里，充满了对同时代人的不容反驳的评论，他给后人留下了对这一代人的同情——有些伤感的同情。

从画法上来说，周秀岐的画也是自创一格的。一方面，他在传统国画中用功多年，悉心钻研，广收博采，徐渭、朱耷、任伯年、吴昌硕诸家都是他研究的对象；另一方面，他又鉴取"洋"的经验，做到"洋为中用"。所以，他的画既植根于深厚的传统，又具有强烈的不满足旧模式的扩张力和"爆发"精神。他构图极讲究平面分割上的主与次、疏与密、虚与实的处理，在线墨上不拘成法，重彩推叠，色墨相波，交相衬映，善于利用主线、辅线的纵横交错，块面的黑白对照，以及由此而形成的画面韵律、节奏和奇正关系。潘天寿的"强其骨"对他有很大影响，他的画也以笔力和气势见称，力求在画面上造成一种蓬勃灵动的生机和节奏韵味，以达到画面的生动性。他既吸取吴昌硕构图用线的"女"字形交叉，也学习潘天寿的"井"字形交叉，使构图既富于变化，又有内收外扩的气势。

在景物取舍上，周秀岐充分体现了国画"写意"的精髓。他不死板遵从现实物象的来龙去脉，不把视觉所能容纳的重重叠叠的客观物象全部搬到画面上去，而只从意境的渲染出发，从取得艺术效果的需要出发，把需要的形象作巧意的安排，删除那些与主题无关的繁枝琐节。如他画风景，并不满足于为风景写照。他觉得如果不抓住绘画的趣味美感，而去钻内容的重要性、史料性等等，终究是失败的。他画花鸟，并不仅仅着眼在标本资料的功能上。他注重花鸟神态的捕捉和情趣的表现，更注重花鸟画意境的构成，他抓住形象的特定性与笔墨的随意性，作反反复复的定向探索。他不以自然色相的表面模仿为能事，而更发挥了主观调遣色彩的能力，时而凝练厚重，时而洋洋洒洒。他在强劲勾勒的笔墨线条之上利用水粉色鲜亮明快、覆盖力强的特点，肆意挥洒，轻抹厚涂。变化多姿的鸡群，有的施以淡彩，有的略润淡墨，而有的就直用群青、翠绿堆砌，芦花鸡上就纯用白粉点染，蓝灰色的底纸上，全用白粉"没骨法""写"成一只白鹭，树干花枝又用勾勒；瑰丽的月季花吸收西画手法，而枝条又很注重线的骨力，叶片色彩用得更是自在：草绿、群青、大红、土黄、柠檬黄，色墨相融，自得天趣。总之，他的画上，那种一半留在画面上，还有一半留给画外的读者去想象的意境特别令人神往。

"如痴如迷，欲醉欲癫作画；是鸡是鸭，似花似草求真。"这是友人为周秀岐写的题画诗，也是他画作特点的总结与概括。看着他的画，犹如倾听那清新而略带哀婉的弥渡民歌《小河淌水》。

人物篇 伫秀灵风拂

李桐 Litong

接骨神医李桐

在今天的弥渡，尽管李桐已逝去多年，但李桐的名字在中老辈人中，可以说无人不知，无人不晓。李桐以他精湛的接骨医技和高尚的医德，誉满滇西，享誉全滇。

清光绪二十一年（1895年），在寅街乡多祜村的一个彝族贫苦农民家庭的茅草屋里，李桐以家中第五的身份降临世上。年少的李桐，因为家徒四壁，成了一个帮人放羊的放羊娃。但就是这样一种经历，成就了日后滇西一代接骨名医。在深山草地中放羊的小李桐，秉着一颗悲天悯人的心，深感彝家山寨缺医少药的痛苦，暗暗有了要为彝家百姓减轻痛苦的决心。于是，对山中花草的产地、药性十分留心，并虚心向当地老人请教。十岁时，李桐与瓦哲村一个名叫有七的人一块放羊。有七本是一医药奇人，见李桐善良、憨厚、诚实，就传授给了他一些奇妙的单方独剂，以防在深山老林中易遭受到的种种不测。本来对中草药研究就有天赋的李桐，经过奇人的倾心指点，如拨云见日，神智顿时一片清明，坚定了行医的方向。在接下来的日子里，李桐一边苦心研究，一边勇于实践，为跌伤扭伤者治疗。二十岁时，李桐就以接骨郎中的身份，开始闻名乡里了。

新中国成立后，因为接骨医术的精湛，李桐由一个土郎中变成了寅街卫生所的医生，其医术有了更大的发展舞台。前来请李桐看病的骨科病人，络绎不绝，很多都是慕名前来，来自四面八方，省内省外。《寅街卫生所住院病人情况登记表》的记录表明，仅1967年1月至1975年3月3日期间，骨科住院患者总数是2190人，其中痊愈936人，良好1248人，无效4人，抢救中死亡者2人。而这些病人，大多都经过李桐的手。四川渡口工程指挥部曹清波，双髁关节骨折，住院15天，就痊愈出院。309部队彭元普三节胸椎脱位，住院17天就痊愈。云南省石油公司焦书善第二腰椎骨折，并发瘫痪，亦诊疗痊愈。弥城诊所刘成明腰椎间盘脱出，经45天诊疗痊愈……经李桐治愈的严重骨折病人，难以胜数。其经典案例是治好了一个刚出生不久的婴儿。

1966年，南华县磨碑村的一对夫妇，匆匆抱着一个只有10多天的婴儿前来求医，李医生一看，婴儿左股骨下头、右胫腓同骨上头被切断，仅有筋皮连着，李桐痛心地责问道：“你们怎么搞的？”两夫妇惭愧地说：“我们受了封建迷信的毒害，把儿子视为‘偷生鬼’砍了他一刀，并把他挂在树上，谁知过了一天，这孩子竟没有死……”李桐愤怒之极地说：“是我就不信迷信，有病找医生，快把孩子放好。”当即进行缝合诊疗。经过李桐90天的精心治疗，婴儿的断脚竟然奇迹般地接活了！大理六十医院、昆明中医研究所三次专访，拍片鉴定，认定李桐创造了医学上的奇迹，轰动全省，《大理日报》、《云南日报》编发了新闻，进行报道，楚雄州以此摄制了破除迷信的幻灯片。顿时，李桐的“神医”之名不胫而走，全省皆知。更令人惊奇的是，后来这个婴孩还未满两岁时，就能下地走路，长得又白又胖，没有什么后遗症，与正常孩童完全一样。

李桐不仅医术高超，而且德行高尚，淡泊名誉，对没钱治病者，不但不收其钱，反而慷慨解囊相助。1976年，工人白素芬，不幸被翻斗车压断了脚，在一家医院，外科医生决定截肢，家属不同意，转到寅街卫生所。医院见病者伤势很重，发高烧，生命垂危，不想收治。李桐忿忿地说：“救人要紧，还考虑什么名誉。”并立即进行清洗、复位、包扎。经三个月治疗，白素芬已经能走路出院了。她流着激动的热泪说：“是老医生给了我第二次生命。”巍山县福庆水库一石匠砸断了左腿，出院时需交医药费120多元，而石匠家只凑到80多元，李桐立即说：“把我应收的40元手术费免了。”患者感动得泪水夺眶而出。1972年的一天，南涧一彝族农民背着一个被马踢伤、满脸血迹、气息微弱的小孩对年近耄耋之年的李桐说：“经县医院检查，鼻梁被踢断，左眼骨踢塌，要我带200元到昆明做手术，山区人民到哪里找这么多钱？……”话未说完，李桐已取来药酒，喂了两三滴，开始诊疗起来，离开病房时，掏出钱和粮票送给小孩的父亲，叫他到食堂买饭吃。第二天，小孩清醒了，喊着要吃东西，李桐很高兴，拿来饼干、水果糖给小孩，小孩亲切地叫他“老老”。经过一月的治疗，小孩痊愈出院。临走时，老医生一再嘱咐说：“阿老的乖乖，回去读书，要读书。”

李桐的高风亮节还表现在他的无私授业。因为他的神奇绝技，很多人来向他学习讨教，李桐皆有求必应，倾囊相授。20世纪60年代有李鸿泰（其子）、白春藻、李友兰三大弟子，20世纪70年代更多，有杨建贵、阮亚芹，昆明冶炼厂医师杨树俊、护士杨丽辉等等。1970年春，昆明军区总医院派出专车，接老医生前往峨山，抢救地震中受伤的灾民，77岁高龄的李桐到达的第一天，就抢救了60多名伤员。李桐高超的技术令军区总医院的所有医生赞叹不已。抢救治伤结束后，部队医院立即派出青年医生翁龙江等人来弥渡寅街卫生所学习。李桐热情欢迎，亲自领着他们查病房，指导他们摸骨位、辨伤情、配制药酒、包扎、上夹板……毫无保留，并且不顾自己年迈之躯，亲自带着他们爬山过岭，采集药材，实地介绍药物生态、

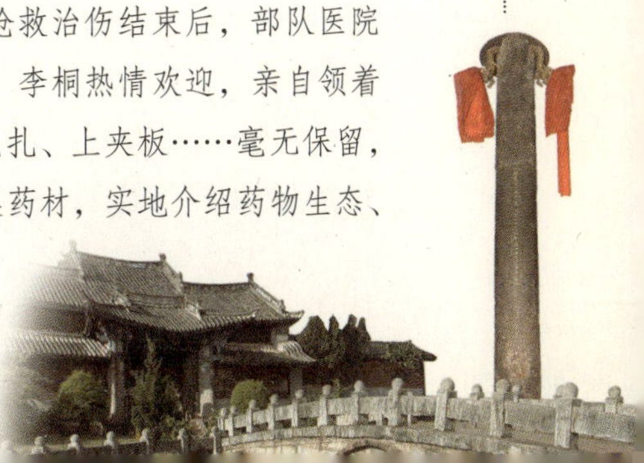

性状、加工、配制、剂量、临床应用等知识。1975 年，李桐积劳成疾，突然发烧，病倒在床，在把他迁回多祜之际，他仍语重心长地对徒弟白春藻说："我这次病可能无救了，我把医术都传给你们了，现在病人多，你们要照看好病人，为病人解除伤痛。"

1975 年 5 月 4 日，李桐病情恶化，抢救无效，与世长辞，就此结束了他那传奇的一生，享年 80 岁。噩耗传出，很多人悲痛不已。昆明军区总医院发来了唁电，弥渡县委、县政府和寅街卫生院在多祜为他举行了盛大的追悼大会。左村右邻的群众不顾手中活计，皆来参加了李桐医生的送葬仪式。

【延伸阅读】

从大山深处走出的李桐

李桐的出生地在寅街乡多祜村。

多祜村境内山高箐深，交通不便，山道崎岖，据说，这里现在仍是县级特困山区村，这里的大多数人一年又一年地重复着李桐出生时的那种贫困生活，村子背后，是郁郁葱葱的绵延大山。尽管有思想准备，但还是有点惊讶于大名鼎鼎的神医李桐竟是从这里走出，显得有点不合逻辑，但细想一下，李桐正是从这里走出，才合乎逻辑。有了大山的陶冶和哺育，李桐那神乎其神的接骨技术也就有了很好的解释，那种不分贵贱、贫富的医德也就找到了佐证，还有那种淳朴的做人本色也就有了诠释的注脚。

说起李桐的医术，似乎无须老生重谈，因为在滇西一代，接骨神医李桐的名字在很多人的耳中如雷贯耳，老辈人中，一谈起他，就能说个一天半夜，说得津津有味，唾沫横飞，眼中流露出的只有钦佩之色。但我还是要说说李桐的医术，从数字的角度来谈他的神奇，让人知道接骨神医的名号并非空穴来风，而是来得实至名归。据记载，在李桐担任寅街卫生所医生时，仅 1967 年至 1975 年这八年间，骨科院患者总数为 2190 人，其中痊愈 936 人，良好 1248 人，无效 4 人，仅有两个死亡病例。这个数字，就是放在今天的甲级大医院里，也是一个神话。

李桐的医术高明，李桐的医德则更高。从山里走出，不管面对多大的荣誉，李桐始终保持着一份山里人才具有的纯朴本色。在他眼中，病人一律平等，无所谓贫富贵贱，有钱的主儿来了，照往常一样治病；没钱的人来了，也是照常一样，该咋办就咋办，没有丝毫马虎，实在没钱住院治疗，李桐大手一挥，从自己腰包里掏钱给医院。据说，邻县有一石匠砸断了左腿，出院时需交药费 120 多元，而石匠家只凑到80多元，李桐呵呵一笑："把我应收的40元手术费免了。"这种精神，真值得现在很多医院和所谓的名医反思。

在路上，听友人说，李桐的后人在弥渡县城里开有医院。我不知道李桐后人的医术怎样，但我想提醒一下，当年李桐的神医名号享誉滇西，凭借的不仅仅是精湛的医术，更多的是润物细无声的医德。

可惜，由于天已近黄昏，没有进山去走走。真想走进那深处的大山，也许一不小心，就采摘到了当年李桐反复试验过的接骨草药。

人物篇　伲秀灵风拂

风物篇

灯俏歌亦美

弥渡花灯 Midu huadeng

太极山竹枝词三首

（清）周开甲

（一）

姐呼妹来妹呼哥，转进山门要上坡。
冷透骨头霜绞雪，从来行善苦奔波。

（二）

肩摩接踵气腾腾，乐善风光在上乘，
炮响三声人若堵，大家翘首看花灯。

（三）

少年豪气夹飞仙，更爱乘风放纸钱。
挥霍随从无颜惜，满空蝴蝶舞蹁跹。

【作者简介】周开甲：弥渡密祉人，岁贡生。

【延伸阅读一】

弥渡花灯

弥渡花灯：国家非物质文化遗产

花灯，是花灯戏和民间花灯活动的简称，又名"跳花灯"。一般认为，起源于汉族地区的民间花灯歌舞，是明代初中叶形成的一种地方戏曲形式，其突出特征是手不离扇、帕等道具，载歌载舞，唱与跳紧密结合。在历史的发展进程中，随着民族之间的不断迁徙、演变、融合，花灯在各民族，特别是西南各民族中传播开来，并在流行过程中因受当地方言、民歌、习俗等影响而形成不同的演唱和表演风格。在剧目题材、声腔结构、表演特点上，都各有特色，形成了湘西花灯戏、平江花灯戏、嘉禾花灯戏、贵州花灯戏、云南花灯戏五大类别。2006年5月20日，经国务院批准，花灯戏被列入第一批国家级非物质文化遗产名录。

云南花灯戏，渊源于明代或更早一些时候的民间"社火"活动中的花灯，流行于全省各地和四川、贵州个别地区，大都具有朴素单纯、健康明朗的民间艺术特色，充满劳动人民的生活气息。由于各地语音的差别，以及艺人演唱风格的不同，又受不同的曲种、剧种或民歌小调的影响，云南花灯又分为昆明、呈贡花灯，玉溪花灯，弥渡花灯，姚安、大姚、楚雄、绿丰花灯，元谋花灯，建水、蒙自花灯，嵩明、曲靖、罗平花灯，文山、丘北花灯、边疆地区花灯等九个支派。而弥渡花灯无疑是这九个支系中的翘楚，《十大姐》是众多歌舞剧目中一颗最为璀璨的明星。

"灯从唐王起，戏从唐朝来"，这是弥渡花灯的历史渊源。在清代初中叶，弥渡就已是云南花灯最盛行的地方，"十个弥渡人，九个会唱灯"，几乎在弥渡的各个角落，都有花灯的身影，其中尤以人口集中的坝区、西南部的密祉最为流行。每年正月十五的传统密祉灯会，盛况空前，万人空巷，历久不衰，至今仍存。2008年1月24日，弥渡花灯被列入第二批国家级非物质文化遗产名录。

弥渡花灯因源于汉文化而声正情真，在长期的演绎发展过程中，既博采汉族文化众长，又融入了当地彝族、白族等少数民族的传统音乐，渗透着富有民族情感的山歌、小调、舞蹈诸多内容，以其独特的民族风格，动听优美的曲调唱腔，浓郁朴实的地方韵味而广泛流传于村村寨寨，普及于家家户户，成为男女老少，

风物篇 灯俏歌亦美

花灯进央视

人人能歌、个个善舞的群众文艺活动形式。在历史上，弥渡曾经有几次大规模的人口流动与吸纳。南诏时期的天宝战争，明代洪武年间的定西岭之战，明清两代的军屯、民屯、商屯和开疆移民活动，给弥渡送来了成千上万的外来人口。这些来自中国各地的人，不仅带来了先进的生产技术和不同的生活方式，而且带来了多元的文化样式。黄河文化的古朴苍劲，江南文化的婉转缠绵，云南文化的爽朗直白，在弥渡这片山高水长的沃土上，奇迹般地得到了融合，形成了弥渡花灯特有的风格。

弥渡花灯主要分小唱和大唱两类。小唱又称小场，是各种花灯歌舞和小调演唱的统称，包括集体性歌舞、小歌舞、小调演唱等几种形式。表演时间一般比较短，无完整的故事情节，人物形象也不够丰满，在唱的空隙中穿插着舞蹈表演，是一种以歌为主的表演形式，一般由2至3人演唱小调。演唱中演员较注重身段的变化，舞蹈色彩却不太突出，伴奏以笛子为主，小锣、小鼓为辅。集体性歌舞是弥渡花灯小唱的基本样式，一般由一对对男女角色持花扇、手巾等道具载歌载舞表演。《十大姐》是集体性歌舞的代表性节目，以其欢快、奔放的风格在云南可以说家喻户晓。它通常由一男角（通常称"鞑子"）持钱鞭居中表演，妇角（又称"大理子婆"或"姑姑引鞑子"）数名持花扇围成圆圈或分两旁，边舞边唱，后边再由两个男角用梆子助唱，突出了弥渡花灯的韵律特点。小歌舞一般都由2至3人演唱，如一男一女表演的《绣荷包》，二女一男表演的《破十字》，这些歌舞在舞蹈上有较多的变化，如小跳步、小梭步、矮庄步等。小唱所用的曲调称为"小调"，也是大唱曲调的基础，大多情感真挚，浅白直露，代表作有《十大姐》、《绣荷包》、《双采花》、《采茶调》、《拜年调》等。大唱分为花鼓和折子两种。花鼓的故事情节简单，主要以人物的歌舞来表演，剧目有《凤阳花鼓》、《城门花鼓》等10多个。折子通常有较为完整的故事情节和人物，歌舞成分很浓，表演时间一般比小唱和花鼓长得多，题材十分贴近现实生活，服装、道具、化妆都很简便，富有生活化。

当然，弥渡花灯的魅力，离不开大量反映青年男女爱情生活的折子小调。对爱情的讴歌与向往，是人类共同的永恒追求，不同的是表达方式。弥渡姑娘心灵手巧，刺出的绣巧夺天工，美轮美奂，如诗如画。自然，自己亲手绣制的精美荷苞是她们送给情人最好的定情物。这在花灯小调《绣荷苞》中得到了充分的反映：

　　小小荷苞，双丝双带飘，

　　妹绣荷苞嘛挂郎腰；

　　小是小亲哥，

　　等是等着我，

　　不等情妹嘛，要等哪一个；

　　荷苞绣给情哥戴，

　　妹绣荷苞有来由。

　　哥戴荷苞街上走，

　　妹有心来哥有求。

这曲小调爽直明快，爽直里饱含真挚，明快中隐现担忧，把女孩子的真情、喜悦、忧虑恰如其分地表现了出来。她们送给情哥的不仅仅是一个小小的荷包，而是她们的一片深情。荷包上的每一针，每一线，针织着一个春心萌动少女的情思，都凝聚着一个痴情少女的心血，此中深意，怎不令人心动？难怪弥渡有谚语云："到了弥渡，不想媳妇。"

今天，弥渡花灯之所以能远近闻名，蜚声神州，离不开弥渡一代又一代花灯艺人的辛勤耕耘与无私付出。在弥渡花灯的漫漫发展演变过程中，出现了密祉李三姐、李华堂、李庭祥、李成文、欧阳增辉，太花马房毕玉龙、白朝俊、白贵，新街杨春景、宋存寿，红岩黄本才，苴力段吉源，寅街赵兴帮等花灯大师级艺人。正是这些艺人，辛勤耕耘于花灯之园，为之施肥浇水，修枝打杈，弥渡花灯才会有今日的成就。传说中的李三姐貌美如花，聪颖过人，有着一副天生的好嗓子，从小就痴迷于花灯，十八岁时，就已成为远近闻名的花灯能手。因仰慕李三姐的魅力与才华，四山八寨的大户人家，皆纷纷前来提亲。然而，出于对花灯艺术的忠诚与热爱，李三姐断然拒绝了这些大户人家的提亲，因为她知道，她嫁入豪门

花灯表演

的时候，也是她花灯艺术终结的时候，她要找的终身伴侣是与她一样，对花灯艺术有着无比地挚爱与尊敬。最终的结果是，李三姐没有找到志同道合的人，以如花的青春年华和毕生的消耗作为代价，献给了弥渡花灯这一崇高的艺术，使弥渡花灯在中国一个偏僻的角落里生根、发芽、盛开。

俏花灯

如果说李三姐集弥渡花灯之大成，使弥渡花灯走进千家万户，那么马房的"二白"则把弥渡花灯推向又一个顶峰。"二白"即白贵与白朝俊，在马房传统花灯的熏陶下，二人既继承了清道光年间马房花灯大师毕玉龙的精髓，又推陈出新，吸弥渡山川之灵气，纳四方花灯之精华，创新出了很多折子，把弥渡山歌、民歌的内容改编成花灯小调，使之更具有群众性。今天，由他俩创造出来的小调，仍在弥渡地区广为流传。白贵善于扮丑角，表演得惟妙惟肖。白朝俊专攻生角，嗓音甜美，字正腔圆，唱腔婉转，能演各种行当。两人先后招收来自经岩、新街、太花、寅街、苴力、牛街等前来求学的花灯学子，倾囊相授，皆分文不收，培养了一大批品学兼优的花灯艺人，这些人后来都成为弥渡花灯的传播者和实践者。

花灯狂欢

感谢这些老艺术人，正是他们对花灯艺术孜孜不倦地追求与奋斗，弥渡花灯这一朵艺术奇葩才得以绵延至今，常盛常开。据不完全统计，现今弥渡花灯曲调近400首，表演形式有数十种，剧目有200多个。有人说，一走进弥渡，也就是走进花灯的海洋，虽然有点夸张，但也有几分道理。

【延伸阅读二】

走进密祉看花灯

到了密祉，当然得去感受一下密祉花灯。

传统的密祉灯会从大年初一开始，到正月十五那天达到顶峰，盛况空前，喜庆非凡，蜚声滇西。

大寺街是现在一年一度的密祉花灯节所在地，也是当年密祉民间举行灯会之所，探寻弥渡花灯，你一定要到大寺街。

弥渡花灯的历史有点混沌不清。在弥渡民间，流传着"灯从唐王起，戏从唐朝来"的说法，给弥渡花灯的前生增添了传奇的色彩，但从整个花灯的历史来看，花灯起源于汉族地区的民间花灯歌舞，是清末民初才形成的一种地方戏曲形式，这是学术界公认的一种说法。此外，最有力的证据还是弥渡花灯本身，显示着弥渡花灯的历史应该不会超过明代。弥渡花灯声正情真，无论是从歌的内容、舞的形式，还是从表演中所持的道具来看，都很明显地烙着汉文化的痕迹。而汉文化大规模地涌入，是在明清时期，这是确定无疑的事实。史料记载，弥渡曾经有几次大规模的人口迁入，特别是明清两代的军屯、民屯、商屯和开疆移民等活动，给弥渡送来了成千上万的外来人口。这些来自中原各地的人，在带来先进生产技术和不同生活方式的同时，也带来了多元的文化因子。这无疑给弥渡当地的戏曲形式带来

密祉花灯盛会

了冲击。我们知道，发达地区的文化一旦侵入不发达地区，最后的结果往往是，不是发达地区文化摧枯拉朽的淹灭不发达地区的文化，就是不发达地区文化对发达地区文化的兼收并蓄。弥渡花灯，无疑属于后者，所以有了今日的辉煌。

弥渡花灯的确值得骄傲。花灯小调《十大姐》、《绣荷包》、《采茶调》等曲调在地方戏曲中，赫赫有名。记得有一次有在整理弥渡文献的时候，出现了纰漏，忘记了《十大姐》，一位学长立即指正，并大声责问："怎么没有《十大姐》呢？没有《十大姐》，云南花灯的内容就残缺不全。"说得我冷汗涔涔，羞愧不已，

风物篇　灯俏歌亦美

慌忙补上。2008 年，弥渡花灯被列入第二批国家级非物质文化遗产名录，是为数不多入选的花灯之一，算是修成了正果，也可以说是实至名归。

广场上簇簇歌声群中，不乏歌唱高手，大多是四五十岁的妇女同胞，歌声清脆圆润，宛如黄莺出谷，煞是动听，唱到情浓处，掐指转身，转出一道道优美的弧线，美妙之极，依稀有花灯戏中的模样，看到这里脑中会想起这样一句话："到了弥渡，不想媳妇。"

跳花灯的老人

这句谜一样的语句，出自何时，已不可考，也考证不出当时语出，到底是何含义，以致今人纷纷猜测，难以形成定论，但有意思的是，当弥渡县政府宣传办在公路旁边挂起这句话，以此当做宣传弥渡的方式时，立即引来一片非议之声。其实这句话是对弥渡女人的赞美，是对弥渡花灯的神圣赞扬。那《小河淌水》中那位痴情等待阿哥的阿妹，那份不带人间烟火、纯洁、明净、透彻的爱，这不正是纯洁的友谊和感情。当年从这里浩浩荡荡经过的赶马人，也许就是听到弥渡女人甜美的歌声，看到弥渡花灯戏里弥渡女人表现出来的似水柔情，才停下匆匆的脚步，驻足倾听，以缓解对家中媳妇的思念，于是成就了今天的文盛古街。

小孩也来跳花灯

只要你到弥渡，透过弥渡女人那婀娜的身姿、甜美的歌声，你其实已看到了弥渡花灯的魅力。

【深度阅读】

十大姐

（一）

众唱：　山茶花来山茶花，十个大姐采山茶。

　　　　花篮歇在山坡上，唱个山歌转回家。

　　　　小呀哥我说给你，唱个山歌转回家。

（二）

众唱：　大姐生来两耳方，黑黝黝的辫子长又长。

大姐唱：眼如月亮手是藕，藕为荷花长池塘。

众唱：　小呀哥我说给你，藕为荷花长池塘。

（三）

众唱：　二姐生得多整齐，水边萝卜蜕层皮。

二姐唱：水边萝卜白又嫩，（大姐唱）要搭二姐做夫妻。

众唱：　小呀哥我说给你，要搭二姐做夫妻。

（四）

众唱：　三姐生得嘴儿乖，要搭三姐去赶街。

三姐唱：阿哥不陪小妹走，摆上酒席我不来。

众唱：　小呀哥我说给你，摆上酒席要你来。

（五）

众唱：　四姐生得腮儿红，又红又白赛芙蓉。

四姐唱：芙蓉怕被哥看见，半边藏在绿叶中。

众唱：　小呀哥我说给你，西山采花又相逢。

（六）

众唱： 五姐生来爱躲哥，浅草踏水采百合。

五姐唱：人家百合街首卖，我家百合留阿哥。

众唱： 小呀哥我说给你，我家百合留阿哥。

（七）

众唱： 六姐生得人人爱，六姐门前闹市街。

六姐唱：闹市街前花好卖，人多花少散不开。

众唱： 小呀哥我说给你，人多花少散不开。

正月十五闹花灯

（八）

众唱： 七姐生得好情意，陪哥吃酒日落西。

七姐唱：郎吃千杯不会醉，妹吃三杯醉兮兮。

众唱： 小呀哥我说给你，妹吃三杯醉兮兮。

（九）

众唱： 八姐生得羞答答，缝块围腰绣山茶。

八姐唱：山茶九心十八片，十人见了九人夸。

众唱： 小呀哥我说给你，十人见了九人夸。

（十）

众唱： 九姐生得手指尖，剪对白鸽飞上天。

九姐唱：人家白鸽成双对，我家白鸽绕天边。

众唱： 小呀哥我说给你，我家白鸽绕天边。

花灯剧

（十一）

众唱： 十姐生得一枝花，九州三县来说她。

十姐唱：爹妈吃了糖和酒，这朵鲜花落哪家。

众唱： 小呀哥我说给你，这朵鲜花落哪家。

（十二）

众唱： 十个大姐十枝花，手提花篮转回家。

大理茶花十八朵，这朵鲜花落哪家？

注：《十大姐》一曲，由男角持钱鞭居中舞蹈，四周由十名女角边舞边唱，演唱节拍自由。

风物篇 灯俏歌亦美

弥渡民歌 Midu minge

放羊调

正月放羊正月正，辞别爹娘要起身，
左手拿着放羊棍，右手打开羊厩门，
大羊放出朝前走，小羊放出随后跟。

二月放羊二月八，春风吹动草发芽，
大羊爱吃山白草，小羊爱吃嫩绿叶。

三月放羊是清明，家家户户去献坟，
人家有钱把坟献，小哥无钱献不成。

四月放羊栽早秧，身背锣锅上山冈，
有柴有水好煮饭，无盐无米泪汪汪。

五月放羊是端阳，菖蒲药酒泡雄黄，
人家吃得醺醺醉，我在山中不得喝。

六月放羊雨水多，身背锣锅上山坡，
找得潮柴眼泪流，找得干柴笑呵呵。

七月放羊七月半，祖宗接到家堂上，
奠茶奠酒地皮湿，烧钱化纸一堆灰。

八月放羊中秋节，饼子油酥献明月，
家家户户团圆会，我在山中独个歇。

九月放羊是重阳，拿张羊皮补衣裳，
衣裳补起裤子破，哪天才得穿新衣？

十月放羊十月朝，放羊放在半山腰，
天晴又怕水难找，下雨又怕火难烧。

冬月放羊雪满山，点点羊数要下山，
早上点点差一对，晚上点点少两双。

腊月放羊满一年，收拾回家算工钱，
工钱算得一吊二，只够买米不够盐。

风物篇 灯俏歌亦美

【延伸阅读】

弥渡民歌

民歌，是中国民歌中一种最主要的形式，遍布中国的每一个角落，分布范围极广，蕴藏也极为丰富，但随之而来的是，对山歌概念的界定成了一个争论不休的难题。一种观点是，凡在高原、山区、丘陵地区的人们，在行路、砍柴、放牧、割草或民间歌会上为了自慰自娱而唱的节奏自由、旋律悠长的民歌，就是通常所说的山歌。另一种看法认为，从体裁特征而言，草原上牧民传唱的牧歌、赞歌、宴歌，江河湖海上渔民唱的渔歌、船歌，南方一些地方婚仪上唱的"哭嫁歌"，也都应归属于民歌。两种说法各有理由，但不管怎样界定，山歌有其一些最根本的共性，那就是个体的自由咏唱，歌腔的自由舒展，歌者的自娱自乐。

在中国，民歌最有代表性的传播区域及其种类主要有：内蒙古草原的各种"长调"歌曲，晋、陕、内蒙古西部的"信天游"、"山曲"、"爬山调"，宁、甘、青地区汉、回等族的"花儿"，新疆各民族的"牧歌"，陕南、川北的"姐儿歌"、"茅山歌"、"背二哥"，大别山区的"慢赶牛"，江、浙一带的"吴山歌"，赣、闽、粤交汇区的"客家山歌"，云、贵、川交界地带的"晨歌"（又名"神歌"）、大定民歌、弥渡民歌及各少数民族民歌，各藏族聚居区的"藏族民歌"等等，而弥渡民歌以其特有的内容、旋律、品质成为中国众多山歌中最为耀眼的明星之一。2008 年北京奥运会闭幕式上的那首《今夜月明》，就是由弥渡山歌改编而成的《小河淌水》的旋律。

弥渡民歌具体产生的时间，由于其传承是通过口口相传的形式，并没有明确的记载，现在已难以梳理。但它就像一首史诗，忠实地记录了弥渡的时代变迁，以及时代变迁中弥渡人的酸、甜、苦、辣，喜、怒、哀、乐等情感沉淀。按其内容划分，大体可分为反映底层劳动人民生活的生活歌谣，反映少男少女爱情生活的爱情歌谣和反映马帮

大家一起来跳花灯

出灯

生活的马帮歌谣三种。据不完全统计，整理出来的弥渡民歌就多达 284 首，这还不包括散佚在许多偏远地区的民间小调。

《放羊调》是生活歌谣的代表作品。《小河淌水》的作者尹宜公也毫不犹豫地承认："《小河淌水》是在《放羊调》上整理改编的。"《放羊调》不仅以其悲怆、深沉、绵长的声调打动了每一个听众，也以其悲苦的现实内容感染着听者的心。全调从正月唱到腊月，用饱含悲愤但又无奈的感情唱出了一个放羊者的心里呼声，让人不忍猝听。当人们还沉浸在春节喜气之中的时候，牧羊人不得不"正月放羊正月正，辞别爹娘要起身"；当清明时节好上坟的时候，牧羊人"人家有钱把坟献，小哥无钱献不成"；当五月端午划龙舟的时候，牧羊人"人家吃得醺醺醉，我在山中不得喝"；当八月中秋家人团聚的时候，牧羊人"家家户户团圆会，我在山中独个歌"。这些唱词直白浅露，如怨如诉，把一个牧羊人的穷苦生活表现得淋漓尽致，其情可悲，其情可怜，其情可叹！如果说牧羊人一年三百六十五日的辛勤劳动能换来稍稍丰厚一点的报酬，也许能减弱听众对牧羊人的同情，但最终牧羊人在年底"收拾回家算工钱"的时候，"工钱算得一吊二，只够买米不够盐"，这种悲愤中的无奈、无奈中的心酸、心酸中的血泪，非笔墨所能形容。

另外，还值得一提的是，弥渡民歌在其自身的发展演变当中，能够把握时代的脉搏，与时俱进，往往烙着时代的印迹，这在生活歌谣中表现得尤为明显。如在抗日战争时期，弥渡人创作出了大量的抗日歌谣。"一更里，我夫拿去把兵当，只为中日战争起，不知哪日在一起……"这是抗战初期开始流行的《妻哭五更》。"正月当兵是新年，日本鬼子太欺人。自从芦沟桥事变，中国抗战已六年……"（《当兵曲十二

花灯表演

月》）这是中国抗战最艰难时期，弥渡人发出的拳拳爱国之心和誓死抗战的决心。其他还有如《送郎抗战》、《女子抗战》、《代信小曲》、《抗战十二月》等，无不用诗歌般的语言真实地叙述了日寇的烧杀奸淫等滔天罪行，唱出了对日本侵略者的憎恨、鄙视以及中华民众奋起抗战的英雄气概。

爱情是民歌、山歌中表现得最为普遍的主题。表现生活内容的民歌、民歌一般因地域、时代、文化等方面的差异而不同，但青年男女间的爱情亘古不变，只不过表现的形式不同而已。西北民歌的爱情奔放热烈，江南民歌的爱情含蓄细腻，而弥渡民歌的爱情则兼众家之"情"，含蓄中带有热烈，细腻中含有直白。《绣荷包》是其代表之作：

> 小小荷苞，双丝双带飘，
>
> 妹绣荷苞嘛挂郎腰；
>
> 小是小亲哥，
>
> 等是等着我，
>
> 不等情妹嘛，要等哪一个？
>
> 荷苞绣给情哥戴，
>
> 妹绣荷苞有来由。
>
> 哥戴荷苞街上走，
>
> 妹有心来哥有求。

这曲小调爽直明快，爽直里饱含真挚，但不失柔婉；热烈中富含浅白，但不失细腻，把女孩子的真情、喜悦、忧虑的复杂心情充分表现了出来。弥渡姑娘心灵手巧，刺的绣巧夺天工，美轮美奂，如诗如画。自然，自己亲手绣制的精美绣荷苞是她们送给情人最好的定情物。但她们送给情哥的不仅仅是一个小小的荷包，而是她们的一片深情。荷包上的每一针，每一线，都针织着一个春心萌动少女的情思，都凝聚着一个痴情少女的绵绵情义。

在弥渡民歌中，有很大一部分与马帮有着千丝万缕的联系，与茶马古道血脉相连。曾经，弥渡是茶马古道上的一个重要驿站，一队队的马帮从普洱、临沧，来到这里驻足小憩，再经大理、丽江、中甸，进入藏地，再

送戏下乡

走向南亚，从今天密祉文盛古街的那一砖
一瓦里，依稀可以看出昔日的繁华。那清
脆悠扬的声声驼铃，不仅给这里传来了商
业的繁荣，也唤醒了弥渡男人心底那遥远
的梦。为了生活，也为了那埋在心底最深
的渴望，弥渡男人决然牵出了自家的那匹
骡马，从此加入了浩浩荡荡的马帮队伍，
踏上了风雨兼程的漫漫长路。远方，是山
高水长的跋涉，是风餐露宿的艰辛，是长
年累月的思念。多情自古伤离别，留恋处，

花灯表演

骡马催发，多情的弥渡女人挽留不住男人那决然的脚步，无奈只好用悲怆的歌声
来送别；在男人消逝的背影中，无奈只好用缠绵的旋律来排遣心中的幽怨。于是，
马帮歌谣演绎着茶马古道上一幕幕的悲欢离合。

马帮歌谣在弥渡民歌中占了很大的比例和很重的分量，《送郎调》、《赶马
调》、《大风刮来树头歪》、《阳雀调》、《月亮出来亮汪汪》、《郎骑白马白
汗衫》等山歌小调，旋律优美、委婉缠绵，是弥渡山歌中的精品，至今传唱不衰。
透过那低回悠长的旋律，茶马古道上的那份依依惜别、翘首苦盼、焦灼等待，从
模糊走向清晰，从清晰走向旷远，从旷远走向远边的那抹天际线。

流传至今的《赶马调》是马帮歌谣中的扛鼎之作，在民间，就流传着五六个
版本的唱法，经过时间的提炼，已说不清其渊源、嬗变，但一听到这歌声，就知
道那是从千里迢迢古道上传来的弥渡民歌小调。

男：砍柴莫砍葡萄藤，养女莫给赶马人。

女：三十晚上讨媳妇，大年初一要出门。

男：搭你吃过三顿饭，同床睡过一晚上。

女：你要出门莫讨妹，你要讨妹莫出门。

男：讨你差下夷方账，不走夷方还不清。

……

男：出通江口望一望，不知家乡在哪方？

女：就在江口歇一夜，是风是雨洒两点。

男：哥在夷方心挂妹，不知哪天转回程？

女：妹在家中算日子，为何几月无音信？

男：死是死在思茅地，阴魂落在九龙江。

在滇西一带，人们把滇西边境以及藏区一带称为夷方。女人一旦嫁给了赶马

风物篇　灯俏歌亦美

花灯表演

人，就意味着天天牵挂，时时苦盼，分分寂寞。因为，对赶马人来说，走夷方，那是自己生命的延伸，那是一个悠远的梦，只有在漫漫古道上，悠悠马铃中，生命的辉煌才得以彰显，男人的梦想才得以实现。尽管是一种无奈的选择：别妻离子的黯然，穷山恶水的凶险，漫漫长夜的孤独。但对女人来说，重要的是自己的男人时常陪伴在自己的身边，执子之手，与子偕老，尽管平淡，但至少不要忍受如蛇附骨般的寂寞。赶马人与赶马人的女人遭遇到了梦想与情感的尴尬，这种尴尬在《赶马调》里得到了体现。

在这首调里，新婚只有三天的女人，用幽怨的语气列举了夷方路上的种种艰辛、凶险以及自己的感受，晓之以理，动之以情，感之以德，但依然无法留住男子那颗决然远走他乡的心。留住人，留不住心，本已是痛苦的事，既留不住心，也留不住人，这种痛苦更甚。但弥渡女子就是有这样的一种韧劲，一种胸怀，既然留不住男人的匆匆脚步，就把送别化作叮咛，把幽怨化作祝福，把伤痕化作企盼，于是就有了"哥要出门安心去，家务事情妹承担"，"粗布那双不能穿，细的那双你兜着"，"吃茶想起茶山路，穿衣想起织布人"，"妹在家中算日子，为何几月无音信"的诗话言语，于是就有了这低怆、柔绵、悠长的小调。

另一首《送郎调》，与《赶马调》有异曲同工之妙，但调中是从阿妹的视角来唱的，生动、细腻地描绘出了赶马哥上路时小两口辞别的动人场景，唱出了情侣之间的依依惜别之情。

一送小郎箱子边，箱子底下两吊钱，
一吊一百做路费，余下九百买三弦。
二送小郎出绣房，手板门房哭一场，
小郎出门大喜事，莫拿眼泪送小郎。
三送小郎堂屋中，郎端酒壶妹端盅，
郎端酒壶有酒吃，妹端花盅一场空。

······

六送小郎五里坡，只送五里不送多，

有心送你三五里，腰酸腿痛难上坡。

······

八送小郎橄榄坡，郎摘橄榄妹端着，

吃个橄榄喝口水，橄榄回味想起哥。

　　相比《赶马调》里的那位新婚女子的幽怨缠绵，《送郎调》里的这位阿妹凄苦无奈更甚。尽管不舍，但还是要装作欢送的样子把情郎送出，就是哭，也是关上房门悄然泣下，为的是让情郎安心上路，并细心地为情郎准备了路费，更使人感动的是，贴心地想到了嘱咐情郎一定要买一把三弦。三弦在阿妹的眼里意义非凡，有了三弦，荒山野岭也有了生气，漫漫长夜也有了温暖，刻骨思念也有了寄托。一把三弦，既体现了阿妹的绵绵情义，也体现了女人的蕙质兰心。男人走了，女人实在难舍，跟在男人的骡马后面相依相送，嘴里说不再相送，但脚步仍然跟着男人的步伐，不知不觉中送了五里，直到走在橄榄坡，蓦然才发觉自己腰酸腿痛，才觉得该是离别的时候了。离别的仪式没有柳永式的"执手相看泪眼，竟无语凝噎"的楚楚动人，但更让人回味。阿妹请求男人从树上摘一些橄榄来吃，吃一嘴的橄榄，留下的不仅仅是一嘴的酸酸甜甜，留下的更是对男人片片情义的一种回味，更是对男人的一种一往情深的思念与牵挂。

　　《赶马调》与《送郎调》都描绘出了离别时一个感人的场面，而《大风刮来树头歪》则刻画出了一个留守在家、痴心等待丈夫归来的女子形象。

大风刮来树头歪，小郎出门妹吃斋。

小郎出门三个月，小妹吃斋九十天。

人人劝我开斋去，郎不回头不开斋。

有了日子郎回头，杀猪宰羊大开斋。

　　大多的闺妇是在丈夫出门后，默默忍受寂寞与孤独，忠贞隐忍，痴情等待丈夫的归来，挑起赡养公公、婆婆的重任，在闺房中消耗青春，在青春的损耗中褪化美丽。但这首调里的闺妇则采取了更为寻常的形式——以吃斋的方式来体现自己对出门在外的丈夫的守候、忠贞、真情。此等痴情，实在令人可赞、可叹、可惜！

　　弥渡民歌，经过弥渡绵长历史的沉淀，弥渡灵山胜水的浸润，悠悠茶马古道的升华，在深邃的时间隧道里，形成了她独特的风格与品质，留给世人的，是一种无与伦比的魅力，是一首民歌中的惊世传奇，是一笔丰厚的精神遗产。

风物篇 灯俏歌亦美

【深度阅读】

赶马调

男：砍柴莫砍葡萄藤，养女莫给赶马人。

女：三十晚上讨媳妇，大年初一要出门。

男：搭你吃过三顿饭，同床睡过一晚上。

女：你要出门莫讨妹，你要讨妹莫出门。

男：讨你差下夷方账，不走夷方还不清。

女：吹烟赌钱你败咯，一个名头拿我背。

男：吹烟赌钱真本事，买田置地真背时。

女：劝你洋烟莫吹钱莫赌，多绷几年好汉子。

男：你劝小哥劝远咯，浑水落在第三丘。

女：压箱银子拿给你，房前房后多转转。

男：压箱银子不够使，差下烂账咋个还？

女：差人欠人也不怕，我织布纺线帮你还。

男：织布纺线不顶事，烂账差下一大堆。

女：劝你夷方路上去不得，夷方路上瘴气大。

男：瘴气大来哥不怕，哥有解药解掉它。

女：夷方路上去不得，夷方路上豺狼多。

男：豺狼多来哥不怕，哥拿火抢打掉它。

女：夷方路上财帛路，小哥嘴是爱财人？

男：小哥不是爱财鬼，小哥不是好色人。

女：你不贪财莫要去，你不好色忘思情？！

男：出门只为差人账，贪财不是哥本心。

女：你空手出门不有路，骡子还在哪一边？

男：三亲六戚凑合我，叫我一定买骡子。

女：三亲六戚凑合你，钱文不够咋开交？

男：前门大田卖掉去，十匹骡子要赶齐。

女：卖田赶马田走路，借账还账账差着。

男：八月十五渔潭会，十匹骡子要买齐。

女：头骡要买乌鹤白，二骡要买点子花。

男：三骡要买四花脚，四骡要买喜鹊青。

女：五骡颜色是乌嘴，六骡颜色大花青。

男：七骡颜色一锭墨，八骡要买大画眉。

女：九骡要买银针鼻。十骡要买腰玉尾。

男：十四骡子买齐啰，买个骑骡只称心。

女：买齐骡子好倒好，不有货驮去不成。

男：小妹不知赶马事，哥的货驮已办齐。

女：你上街找个杂货铺，快把货驮卖掉它。

男：我订货订的是夷方货，不到夷方卖不成。

女：石头劝了会说话，我软口难劝铁石心。

男：小哥不是不听话。只为差账急在心。

女：你硬要去我搭去，烧火煮饭也要人。

男：只有砍柴带晌午，哪有出门带女人？

女：不去不得只得去，去到地头莫变心。

男：我出门三天带回信，人不到家信到家。

女：哥要出门安心去，家务事情妹承担。

男：小妹要把鞋做下，早晚洗脚垫一垫。

女：小妹做鞋也容易，哪个鞋样合你穿？

男：老表跟前裱鞋样，匹条铺里上（绱）鞋帮。

女：粗布那双不能穿，细的那双你兜着。

男：粗的细的我都要，两样鞋子两样穿。

女：粗的细的不一样，小哥不要穿粗的。

男：粗的那双上路穿，细的那双赶街穿。

女：不有柴处哥莫砍，不有水处莫开梢。

男：爬山过岭哥会做，阿妹不要瞎操心。

女：郎走夷方妹走坝，夷方不有坝子深。

男：郎走夷方有茶吃，妹走花山有衣穿。

女：吃茶想起茶山路，穿衣想起织布人。

男：赶马要赶头那帮，人又英雄马又乖。

女：赶马要赶头那帮，挖斧要抬路要开。

男：头骡走的钻子步，二骡走的野鸡蹿。

女：三骡不走要加料，四骡不走要端稍。

男：三个石头搭眼灶，就地挖个洗脸盆。

女：大山翻掉千千万，小山翻掉万万千。

男：大山翻掉翻小山，小山翻掉要过江。

女：人家过江哈哈笑，阿郎过江泪汪汪。

男：出通江口望一望，不知家乡在哪方？

女：就在江口歇一夜，是风是雨洒两点。

男：哥在夷方心挂妹，不知哪天转回程？

女：妹在家中算日子，为何几月无音信？

男：死是死在思茅地，阴魂落在九龙江。

【注释】

夷方：过去指临沧、普洱、西双版纳和缅甸一带地区。

渔潭会：于每年八月十五在大理洱源县沙坝举行，是一场大型物资交流会，买卖大牲畜。兴起于唐宪宗元和年间，有着悠久的历史。

上（绱）：缝在一起。

兜：携带。

头那帮：指最前面的五匹马。马帮在进行押货时，往往把马进行分组，五匹马为一帮。

九龙江：即澜沧江。

小河淌水 Xiaohe tangshui

小河淌水

云南民歌

风物篇 灯俏歌亦美

【延伸阅读】

《小河淌水》——东方的小夜曲

《小河淌水》这首民歌，诞生于1947年，在中国，可以说家喻户晓。1953年，年仅26岁的黄虹在北京的一次全国文艺演出中唱响她后，这首歌从此就传遍中华大地的每一个角落，被冠以"东方小夜曲"的美名，获得了无数的荣誉，至今为止，依然是唯一一首被美国音乐学院编入音乐

《小河淌水》荣誉之一

教材的中国民歌。1989年，歌唱家黄虹依靠《小河淌水》，赢得了中国首届金唱片奖。2002年，由昆明市花灯剧团根据弥渡民歌《小河淌水》而主创的大型歌舞剧《小河淌水》，被确定为年度国家舞台艺术精品工程初选剧目，成为全国30台入选剧目之一。2006年12月，人民大会堂迎接了由俄罗斯国家芭蕾舞团50多位具有国际水准的演员倾情演绎、俄罗斯爱乐交响乐团进行现场伴奏的原创芭蕾舞剧《小河淌水》。同年，由林心如、刘涛、王斑等主演的《大理公主》中的主题曲也是《小河淌水》。2008年北京奥运会闭幕式上，歌曲《今夜月明》的旋律就是《小河淌水》的旋律。

《小河淌水》以她舒缓的旋律、优美的意境、感伤的基调俘获了无数人的心，被许许多多的中外歌唱家用各种唱法加以诠释。李谷一、阎维文、彭丽媛、腾格尔、宋祖英、陈思思、谭晶、费玉清等著名歌唱大家都唱过。2006年，宋祖英在其"宋祖英美国音乐会"上，把她带进了美国最高艺术殿堂——肯尼迪表演艺术中心。

《小河淌水》荣获改革开放三十周年最具文化魅力榜首

现在，《小河淌水》已成为钢琴、小提琴、古筝、二胡、葫芦丝等器乐演奏的名曲，被理查德·克莱得曼的钢琴演奏过，被陈蓉晖的小提琴演奏过，被杜聪的笛子、排箫演奏过，被伊沙贝尔·柏林的竖琴演奏过，被辛小玲的二胡演奏过，被鲍元凯的管弦乐演奏过……

《小河淌水》源头碑刻

这首歌的歌词清新、质朴、自然，首先以"哎"拉开帷幕，并用婉转、悠长、低徊的声调缓缓舒展开来，把人立即就带进了一个迷离、混沌的境界，仿佛这音是从天外飘来，从遥远的深山野谷中飘来，使人神智为之一清。一个"哎"字，奠定了全曲的基调，也为后来的抒情展开了铺垫，好像是对阿哥的深情呼唤。紧接着的是"月亮出来亮汪汪"，不露痕迹地就与"哎"衔接起来，把人从一个遥远、缥缈的世界中拉回到一个清幽、明净、透彻的场景，由远及近，构建起了一个极富诗情画意的美学意境：清辉一片，万籁俱寂，天地相接，山中小涧潺潺流水，更加映衬出山中的宁静与安详。如此良辰如此明月，岂不令人起相

思？一轮明月寄相思，自古皆然。果然，纯净清丽的女主人公用感伤、凄恻、柔婉的语调发出了"想起我的阿哥在深山"的长长叹息。一个"深"字，既是阿哥的山高水长，又何尝不是阿妹的一往情深？这次第，怎一个"深"字了得！随着"深"字的深入，阿妹心中的阿哥形象从模糊走向清晰，"哥像月亮天上走，天上走"，只有相思之极，才会有这样的浓情表达。哥像月亮天上走，既是阿哥的圣洁形象在阿妹心中不由自主的升华，也是阿妹渴望阿哥能在天上看到阿妹深情模样的心语，并且把感情层层递进地宣泄出来。随着"哥啊，哥啊"的循环往复，曲折哀徊的呼唤，全曲的感情达到了高潮，直白而不浅俗，相反，给人以柔情万千、情真意切、荡气回肠之感。因为，前文已作了大量的铺垫，这种至情至性的呼喊是水到渠成的结果，不是矫揉造作的衍生。情已至此，按理该当戛然而止，起到意犹未尽的效果，但女主人公并没有宣泄完自己的思念之情，而是在语断情不断的时候，幽幽地唱出"小河淌水清悠悠"。"悠悠"两字，韵味绵长，把全曲的意境又拓展了很远。李白有"抽刀断水水更流"的愁苦，李煜有"一江春水向东流"的叹息，李清照有"只恐双溪舴艋舟，载不动，许多愁"的慨叹，以水喻愁，成为千古绝唱。而在这首曲里，女主人公把自己全部的相思化作小涧中的清清流水，境界则更高远一层。月光下的潺潺涧水，何其清澈，是女主人公相思纯净的体现；涧中溪水，绵绵不绝，是女主人公相思无限的体现；最后，溪中流水，悠悠流向远方，女主人公的相思也随着小河流水，流向远方，流向阿哥所在的远方，日夜

风物篇 灯俏歌亦美

不息，永不停驻，令人销魂。另外，这句与前面所营造出来的意境又和谐一致，从远及近，又由近及远，前呼后应，情感也前后相接，思念与等待，情感与理智，交融在一起。

曲的第二段，是第一段女主人公心境的延伸，也是情感的强化。总之，全曲用五个乐句，以从容舒缓、跌宕低徊的节奏和回环起伏、清丽优美的旋律，描绘了一个悠然、缥缈、纯净的深远意境，刻画出了一个雅洁、聪慧、痴情的女子形象，由景入情，由情入景，情景相生，水乳交融，让人情不自禁地发出感叹："此曲只应天上有，人间哪得几回闻！"

《小河淌水》是由弥渡密祉人尹宜公先生根据弥渡山歌整理改编而成的，具体说来，就是根据弥渡西山彝族的《放羊调》和《月亮出来亮汪汪》改编而成的民歌。因《小河淌水》为上下结构，与《放羊调》一致；《小河淌水》每一节为两段词，亦是沿用了《放羊调》的格式。另外，西山彝族民间歌手李彩凤所唱的《放羊调》与从小生长在密祉的尹宜公所创作的《小河淌水》一模一样，这也为此种观点提供了佐证。这种观点也得到了尹宜公的确认。尹宜公在1988年的时候曾回忆道："1947年春天一个下晚，我听见合唱团的华明邦同志用'啊'音在反复地唱一个曲调。那旋律很像家乡那首深深打动过我的山歌。但他在反复咏唱中又有许多变化，而且在优美的旋律中还使人感到一种深沉的激情，是对爱情的一往情深的思念，是对美好生活的向往，是追求与现实的矛盾、痛苦和呼喊。这种激情冲击着我，我决心把它整理出来。当时我想，有的民歌已经形成固定的曲调和唱词，有的还没有，只有一个基本的曲调，唱的时候即兴发挥，可以有不同的内容和曲调的变化。这首山歌调大概属于后一种。我根据记忆整理出了曲调，又根据对曲调的理解填上了两段调曲，取了个'月亮出来亮汪汪'的歌名，就连夜拿去给江骛同志看，她低声哼了两遍说，这首山歌太美了！又建议歌名用'小河淌水'更好，这首山歌就用笔名'赵华'发表在云南大风合唱团办的音乐刊物《教学唱》的民歌专辑上，以后逐渐在全省流传开来。"而在2002年12月，尹宜公又在接受央视《西部频道》采访时，说"……我小时候听哥哥、姐姐他们唱的《放羊调》……《小河淌水》是在《放羊调》上

小河淌水景区

亚溪河

整理改编的……"

  1994 年，尹宜公向云南省版权局申请登记《小河淌水》的著作权。由于当时我国还没有出台相关法规，云南省版权局经过审查后对歌曲《小河淌水》备了案。1997 年，云南省版权局为尹宜公换发了国家版权局统一格式的著作权证，注明"（收集整理）尹宜公"。2006 年 8 月，国家版权局作出《行政复议决定书》，认定《小河淌水》的著作权为尹宜公所有。

  对于一般听众来说，重要的不是《小河淌水》身出何处，而是她那优美的曲调与深邃悠远的内容。对《小河淌水》身世的不同说法，也恰恰体现了她的无穷魅力。音乐是大众的圣声，是经人民群众和专业创作者的努力而成的。弥渡，是《小河淌水》的故乡，弥渡，是"东方小夜曲"的故乡。

【深度阅读】

关于《小河淌水》的回忆

尹宜公

  在青少年时期，我在家乡听过不少花灯调和民歌。有一首山歌曾经深深地打动了我。它的优美的旋律使人想到美丽的月夜、深山、森林、清风和蜿蜒奔流的小河。

1946 年云大南风合唱团办了一个音乐刊物《教学唱》，主要刊登一些革命歌曲。同时，为了走音乐大众化的道路，也搜集、整理、改编一些民歌。主编江鹜同志改编的《金凤子开红花》就是在全省流传最广、影响最大的一首。我也学着整理过几首弥渡民歌和花灯调。1947 年春天一个下晚，我听见合唱团的华明邦同志用"啊"音在反复地唱一个曲调。那旋律很像家乡那首深深打动过我的山歌。但他在反复咏唱中又有许多变化，而且在优美的旋律中还使人感到一种深沉的激情，是对爱情的一往情深的思念，是对美好生活的向往，是追求与现实的矛盾、痛苦和呼喊。这种激情冲击着我，我决心把它整理出来。

当时我想，有的民歌已经成了固定的曲调和唱词，有的还没有，只有一个基本的曲调，唱的时候即兴发挥，可以有不同的内容和曲调的变化。这首山歌调概属于后一种。开始，我先把记忆中最打动我的旋律整理出来，这就是《小河淌水》里开头的两句，但第一句原是（省略），先只想把这两句重复一遍，成为对唱。但哼了几遍，感到虽然优美，却显得单调、平淡，不能反映变化起伏和深沉的激情。我在云大会泽院前月光下走来走去，反复琢磨，才把第一句改为（省略），连用了两个切分重复加深印象；又把第二遍重复时的第一小节改为（谱省略），使重复中略有变化，以免呆板。后来又在第二遍重复的中间加上（谱省略），主要是想在这里有个跌宕起伏，表现一种深沉的追求和呼喊。经过这样整理加工，我根据自己对曲调的理解填上两段歌词，取了个"月亮出来亮汪汪"的歌名，就连夜拿去请江鹜同志看。她低声哼唱了两遍说："这首山歌太美了！"又建议歌名用"小河淌水"更好。这首山歌就用笔名"赵华"发表在《教学唱》的民歌专辑上，以后逐渐在全省流传开来。黄虹同志以她的演唱才华给它添上了翅膀，它流传得更广更远了。

四十多年来，每听到《小河淌水》，就使我想到青年时代那种追求的激情和火一般的岁月，但也感到有点遗憾。有的演唱或演奏把歌曲旋律的优美展现得更舒缓而充分，却较少我整理加工时所感受和表现的那种深沉的激情。也许是由于我的水平有限，在整理加工曲谱时就没有能把山歌曲调的丰富感情全面充分地表现出来。因而，感到遗憾。但又想，不同的表演者和加工者在不同情况下各有所感，各抒所长，终将使民歌发挥、丰富和发展起来，因而遗憾又是多余的。

（摘自《云岭歌声》1988 年 3 期）

弥渡小吃 Midu xiaochi

弥渡小吃

弥渡风光秀丽，环境优美，气候温和，"天气浑如三月里，风花不断四时春"。优越的地理环境、宜人的气候使得弥渡物产丰富，文化昌达，在古代，就有"滇西粮仓"之美誉，在今天，弥渡更上一层楼，是全国菜篮子产品生产先进县，是农业部实施淡季蔬菜开发、南菜北运的基地县之一，是云南省商品蔬菜基地县。而在此基础上衍生出来的弥渡小吃亦是威名赫赫，蜚声海内外。

弥渡小吃中，首先要提到的就是弥渡酸腌菜。作为一个国家级蔬菜基地县，弥渡为制作酸腌菜提供了良好的物质基础和保障。弥渡酸腌菜在弥渡这块神奇的土地酝酿下，与贵州茅台酒一样，成了不可复制的资源，味道醇厚，口感绝佳，走进了沃尔玛和家乐福等大型现代超市，走进了北京、上海、浙江、四川、广东等10多个省市，走进了千家万户。在2009年的昆交会期间，弥渡一家绿色食品公司生产的弥渡酸腌菜系列就签下了2140万元的订单，可见弥渡酸腌菜是何等受到广大消费者的青睐。

成为弥渡特色小吃名片的，是弥渡卷蹄。弥渡卷蹄有着悠久的历史，起源于明代，在清代传进宫中，被列为宫廷名菜，几百年来久负盛名，在1998年第三届中国食品博览会中，荣获金奖。弥渡卷蹄选用一只刮毛洗净了的完整猪蹄，剔出骨头，将鲜嫩瘦猪肉，加入草果粉、红曲米（一种经过酒浸泡过的米）、食盐、白酒等作料拌匀，填塞于剔骨后的猪脚内，填满后用麻线缝合，再用细麻绳缠紧，腌制后煮熟，取出待冷却后，装入大陶罐内，密封罐口，经二十日后，方可取出食用。因其外形与鲜猪脚一样，故名"卷蹄"。卷蹄红

弥渡卷蹄

风物篇 灯俏歌亦美

白分明，鲜嫩可口，食法多样，易于贮存，别具风味，兼有火腿、香肠之特点，上席毋须再加作料，凉热皆宜，凉食尤佳，实为色、香、味俱佳的美味佳肴，远销昆明、广州、深圳、港澳等地。近年来，弥渡县食品加工企业采用科学、卫生的方法精制出真空袋装卷蹄，做工考究，携带方便，是馈赠亲友不可多得的佳品。

弥渡腌菜

在弥渡，与弥渡卷蹄并驾齐驱的是弥渡大芋头。芋头在中国南方，并不少见，但弥渡大芋头别有一番风味，因形状圆，大如头而得名，有"芋大如瓜，水涨就炻①，香腻可口，营养最佳"的美称，在历史上赫赫有名。据《民国农业要事录》记载，在民国十一年（1922年）间，曾组织过一次农展，弥渡展出了一个重达13.5千克的大芋头，其他也有5千克左右一个。如此大的芋头，就是放到今天来展，应该也可以创造纪录了。所以，在弥渡，流传着这样一句民谚："家有芋头，无米不用愁。"弥渡大芋头除了一般芋头"既能做菜，又能当粮的特点"外，有着其特有的酥、面、香、甜之口感，令人吃了还想再吃，百吃不厌。如果你是一个外地人，在吃弥渡大芋头时，你还可以品尝一个有关它的美丽传说。相传弥渡大芋头是由一个名叫小玉的美丽姑娘化身而来。小玉自幼父母双亡，受尽兄嫂的虐待，在邻居小喜哥的帮助下，方才挺了过来，并长成了一个亭亭玉立、貌美如花的姑娘。

弥渡黄粉

贪婪的兄嫂不顾小玉与小喜哥的倾心相许，硬是把小玉嫁给了县大爷的儿子。小玉在出嫁的途中跳崖而死。小玉安葬后的第三天，人们惊奇地发现，小玉的墓旁长出一种奇怪的植物。看上去就像一位穿着绿色裙服的少女，她好像流着血泪在哭诉自己的悲惨遭遇。更让人奇怪的是，它的地下茎就只有椭圆形的一个，表明她一心不二，决不节外生枝。于是人们就说它是小玉的化身，称这种植物为芋（玉），并把它移植在家里，

---

① 炻：弥渡方言"炻"，就是食物煮的很熟很酥很烂的意思。

弥渡风肝

时间久了，就形成今天弥渡普遍种植的大芋头。

弥渡风肝是弥渡特有的一道传统美食，色彩鲜艳，味香醇厚，风味独特，因其肝面似蜂窝而得名。在弥渡民间，一般只有在春宴或在招待贵客时，才作为冷荤上品摆上桌面。其制作工艺考究，流程甚多，难以批量生产，实为难得一见的佳品。取一块完整不破、大约500克、带胆的新鲜猪肝，清洗干净，然后把猪肝放在墩面上，找出肝叶主管，用一节竹管插入肝内，然后加气，边加气边灌入用白酒、红曲、精盐、五香粉、鸡蛋清调搅均匀而成的调料汁。如此反复，直至将调料灌完，将肝管扎紧，然后放在太阳下晾晒，使表面水分蒸发，以利于肝的保存。约半小时后，再将苦胆撕去，挂放在阴凉通风的地方，贮存一段时间，就成了一道美味可口的佳肴了。食用时，将蜂肝放入锅中煮熟，然后晾凉切片，整齐地码在盘中，然后将葱花、辣椒面、酱油、醋、味精放入碗中兑成汁，与码放整齐的肝片一同上桌蘸食。那味道，保证让你赞不绝口，回味无穷，终身不忘。

在弥渡小吃中，值得一提的还有弥渡黄粉皮。黄粉皮主要由豌豆制成，长约30厘米，宽约10厘米，金黄透亮，虽不是出身名门，但吃起来，也别有一番风味，为居家储备干菜之上品，也深受各界人士的青睐。制作工艺简单，将豌豆磨成粉，按比例兑水，加入一些作料，盛入锅里搅拌至熟，取之入筛内，冷却后用马尾削成皮状，透明为最佳，待粉皮晾干后，便可食用了。食用时，可油炸，可配料煮吃，色鲜黄而味美，味道香脆回甜。

弥渡小吃，以其特有的风格与味道征服了众多人的胃，也俘获了无数人的心。也许，弥渡那一句如谜语般的民谚"到了弥渡，不想媳妇"，就包含有弥渡小吃的内涵吧。

令人垂涎欲滴的香酥梨

风物篇 灯俏歌亦美

【延伸阅读】

彩云深处的告别

当我真要离开弥渡的时候，真的很难向它说声"再见"。

我的足迹差不多踏遍了整个弥渡，在匆匆的脚步行进过程中，当时并不觉得怎么劳累，但当身心完全放松下来时，一种激情过后的疲惫感顿时涌袭而来。这种感觉，不是因为身体四肢的超负荷运转，而是由于心的劳累，空间的远山容易跋涉，但时间的远山实在难以跨越。弥渡的历史有点久远，蜿蜒就是两千年，其中的高山深谷、沟壑、河流让人目不暇接，沉沉浮浮，让我的目光也充满了沧桑。

在弥渡行走的过程中，我时常在思考这样一个问题：弥渡古代与现代的交汇点在哪里？

绵长，悠久，并曾经也有过一段显赫的辉煌，这种历史，之于现在来说，一方面，稍不留心，就成了一种华而不实的装饰，一种无聊的摆设，一种炫耀的资本。历史与现实之间，

弥渡县城鸟瞰图

往往太容易脱节，这样的例子不胜枚举，今天的伊拉克显然难以与曾经显赫一时的巴比伦文明相对应。另一方面，这种历史，也不应该成为现代的一种负担与累赘。一个国家，一个地区，一个个体，如果总是惦念着历史，沉迷于过去，长此以往，则会慢慢滋生一种了无生气的惰性习惯，缺少一种现代思考的思维，一种果敢决断的胸襟，一种开拓进取的气魄，最终的结果是固步自封，墨守成规，裹足不前。近代的中国，就是在屈辱中缅怀昔日的风光无限，聊以自慰。弥渡的文明历史，说不上悠远，但也说得上久远；称不上显赫，但也称得上辉煌。把握得不好，拿捏得不够分寸，难免陷入这两种状态之中。

所幸，今天的弥渡没有滑向这两种深渊。

在今天的弥渡县城，有一个花灯广场，虽然手边没有具体的数据，但给人的感觉是足有两个标准的足球场那么大，在其四周，是一排排时尚而漂亮的四五层现代精致小屋。陪同的友人告诉我，每到夜幕降临时，不管春夏秋冬，县城以及

附近乡镇的很多人，陆陆续续地赶来这里，形成数千人的花灯歌舞世界。弥渡的花灯就是从这里走向全省，走向全国，走向世界的。

弥渡这片土地，在滇西，甚至在整个今天的云南地区，都称得上是一片名副其实的"沃土"，又加上气候常年温和，使得这里物产丰饶，在古代，一度有"滇西粮仓"之美誉。居住在这里，基本上没有衣食之忧，亦无霜冻雪寒之苦，因而，在"饱食终日"中，需要一种精力上的排泄，需要一种精神上的消遣，需要一种时间上的无聊打发。而歌与舞，无疑是最好的载体。我们知道，歌舞极容易被感染与扩散，又极容易被传承与创新。于是，一种歌舞文化从古至今，弥漫在弥渡的任何角落，渗透在每个弥渡人的细胞之中。今天的弥渡人，如果忘却了歌舞，那才是对先人的极端不敬，数典忘祖。如果没有了这种歌舞文化的浸润与沉淀，弥渡就不会有今天声名远播的弥渡民歌与弥渡花灯，自然，也不会有《小河淌水》和《十大姐》等这样炫目的作品。

你可能以为，像这种迷恋于歌舞之中的群体性心理趋向并没有什么不好，尽管这种心理趋向有闲散之嫌，容易使人步入慵懒、平庸、木然之列，但人类的终极发展不是以人的心灵自由为目标吗？而弥渡人，现在就已基本实现，在音乐与舞步之间，释放了心灵的自由，在闲适的悠闲生活中显示了一种大智若拙的高度智慧。既然终点终究要与起点重合，那么何苦还要在佛家所谓的人生苦海中苦苦挣扎？把功名抚慰成一种种歌舞，把奋斗化作歌舞间的一次次学习，把苦海当做舞步下的一个个舞池，这本身就是一种境界——两千多年前老子一直追寻的境界。

所幸，现代的弥渡在喧嚣与嘈杂中没有迷失自我，传承而不僵化，恬念而不迷恋，紧紧抓住其历史发展的两条脉搏，使弥渡的古代与现代丝毫无缝地交汇在一起，水乳交融。首先立足于其优越的地理环境和气候条件，大力发展农业，提倡经济作物的效益化。今天的弥渡，已成为农业部实施淡季蔬菜开发、南菜北运的基地县之一，是云南省商品蔬菜基地县。在此基础上，极力弘扬弥渡民歌、弥渡花灯，既产生了效益，又丰富了人的内心。

所以，今天的弥渡，的确值得称赞。

风物篇 灯俏歌亦美

古诗文里的弥渡

古诗 Gushi

太狂草堂

（明）杨慎

绪雨依山籍，成桥断路踪。

御风看列子，避雨对茅容。

鹤绕三株树，龙盘五棵松。

蜀山归有约，策杖会相逢。

【作者简介】杨慎：见《弥渡五台山竹梅诗题壁》作者简介。

【题解】太狂草堂在县城北青螺山山麓，嘉靖年间(1522—1566年)，蜀人曹学，字太狂，号半山，寓居弥渡，建有草堂，名太狂草堂。曹学擅长诗歌书画，尤喜花木，常聚当时名士于此，在当时形成了一个诗人群，诗人有杨慎、金曼、时尧询、杨齐楹等。

隐轩寺中峰题壁诗

（明）明本

洗墨池边看活泉，焚香小坐令长年。

双双锦鲤迎奄墨，挥佩金波上玉笺。

【作者简介】明本：明代高僧，曾主持鸡足山，足迹遍及大理各丛林，所到之处，多留墨迹，擅草书。

【题解】隐轩寺位于红岩镇吉祥村，今所见的"隐轩寺"三字为担当和尚所题。这首题壁诗有原件本，黑底白字。中峰：即明本高僧，明本又法名中峰。

弥渡毕波罗窟题壁诗

（明）无名氏

悬岩万仞波跻攀，楼观参差查霭间。
一派流水渗石隙，数声猿啸白云间。
堪嗟箫史乘鸾去，定是之乔驾鹤还。
唯有灵桥高绝处，幽禽惆怅对空山。

【题解】《滇略·胜略》记载：毕波罗窟在白崖，南诏时有杜老蛮者即崖而寺之，明朝成化年间有人题诗于上。所以这首诗应该写于明代。

弥渡黄矿厂石人诗

（明）无名氏

此厂寅时旺，原来矿色黄。
九龙盘旋洞，一虎绕山岗。

【题解】弥渡黄矿厂是明代万历年间(1573—1619年)所开银厂，村中衙山为山公太监衙门。衙门前有石人，石人身上刻诗，道出银厂开时情况。寅时，即戊寅虎年，明万历六年(1578年)。

弥渡老僧洞题壁诗

（清）三阳和尚

巍峨石穴隐高僧，法号三阳自古称。
岩磴崎岖朕步上，岩阿渐进数台增。
床头梵语怎听得，枕上袈裟见未曾。
恰似桃源堪避处，禅机宛在涧非岭。

【作者简介】三阳和尚：俗名杨三阳，陕西人，明末将军，与吴三桂同时，明亡不愿降清，入空门为僧。

【注释】
老僧洞：在弥渡寅街镇天目山中，可容五六十人，有石床石枕，岩高数丈，

古文诗里的弥渡

洞在其中，传为天目山密云寺开山和尚杨三阳隐修之所。

弥渡隐轩寺唯然题壁诗

（清）妙灯禅师

此地寥寥古道通。台边仙气霭匆匆。

金刚圈子凭分付，透出青霄贯日红。

丛林杰出侵长风，万里图南咫尺中。

此去只凭深厚养，清秋高举碧天空。

禅门真实告诚锋，拾得寒山松与同。

最喜宣公亲切处，清风明月振长风。

【作者简介】妙灯禅师：生平事迹不详，为寺中高僧。

【题解】这首诗题写在隐轩寺东耳南壁，抒发了友人之间的离别之情，并对友人寄予厚望。

九日小酌青螺山

（清）熊煌

登高无地不徜徉，此际偏宜醉草堂。

绿橘篱垣山馆静，黄花几朵酒杯香。

群蜂秋色连云碧，九日诗思入座忙。

已往桃源深处隐，延生岂必问长房。

【作者简介】熊煌：弥渡弥城镇人，生平事迹不详，清乾隆乙丑科（1742年）进士，曾任福建福鼎县知县。

【题解】青螺山在县城北部，在其南麓，有桂香仙馆、听香楼、矮屋、冬温、夏清、八角亭、水阁凉亭等建筑，精巧别致，为当时文人唱和吟哦之地。新中国成立后为县文化馆馆址，今为县图书馆所在地。今天的青螺公园已成为一个集休闲、娱乐、旅游于一体的场所。草堂即太狂草堂。

香峰山小集

（清）苏霖渤

逃禅未必是前身，曳屐重轻不厌频。
莲社常开宣选佛，松窗阴佛正迎春。

【作者简介】苏霖渤：见《天桥挂月》作者简介。

【注释】

香峰山：又名喜目山，座落于红岩镇西南约4公里处，山麓有弥渡古刹虫蝗寺。

曳屐：穿着木屐。屐：谢公屐，指谢灵运（385—433）登山时穿的一种木鞋。鞋底安有两个木齿，上山去其前齿，下山去其后齿，便于走山路。

游香峰山

（清）周飏渭

往日寻幽到上方，纡徐芳径任倘徉。
泉流谷口滋仙草，塔拥岸边镇旱蝗。
半岭松风吹不竭，一川烟雨画难传。
残碑读罢人何在，睲有山光映夕阳。

【作者简介】周飏渭：弥渡弥城镇人，生平事迹不详，清乾隆辛酉科（1741年）乡试解元，曾任甘肃宁夏县知县。

【注释】

塔拥岸边镇旱蝗：香峰山下有虫蝗寺，寺前有一塔，古代先民认为有镇压蝗虫之效。

睲（ying）：大视，美目。

春游香峰山

（清）董策新

步入桃源迳，乘流直泛槎。
诗催春草绿，酒卖夕阳斜。
历落烟村树，依稀暮岭笳。

虎溪迎送处，三笑任拈花。

【作者简介】董策新：生平事迹不详，举人。

登虫蝗寺

（清）苏霖润

通幽曲径雾朦胧，一派迷津锁世空。
万里云程何处是，此身已到白云中。

【作者简介】苏霖润：弥渡人，生平事迹不详，清雍正壬子科（1732年）举人。

【题解】虫蝗寺又名医王寺，坐落于香峰山麓，整座寺宇坐西朝东，依山势而建，气势雄伟，俯览红岩全景。据民国年间《弥渡县志稿》及明代学者李元阳所撰《建镇蝗医王寺记》等史料记载：医王寺，创自元朝，明万历年间，邑人朱楠捐资进行大规模修缮，寺前建一塔，其塔已于清光绪甲辰（光绪三十年，1904年）年间倒坏。是弥渡境内名刹之一。现今的医王寺除大雄宝殿依然屹立外，其余只留下些残垣断壁。

天马关题魏学使碑

（清）时亮功

天马南来尚有关，风尘驿路走青山。
薜萝自老深深谷，车辙频劳齿齿湾。
古字谁题苍涧里，新诗又入白云间，
偶然埽石同溪话，缅想伊人岘岭斑。

【作者简介】时亮功：字钦之，号他山，弥渡人，生卒年代不详，康熙乙卯科（1699年）举人，未仕而卒。著有《快游集》、《仙槎草》、《蜀游草》、《石头吟》等。

【题解】天马关：位于定西岭之南，白崖至龙尾关的古驿道上，"石门关"摩崖石刻东南约100米外，桥南距桥头哨约3公里，距今红岩镇西北约6公里。据有古驿道记载的年代及"石门关"石刻"万历乙酉秋八月六日"的题款推断，此桥的建筑绝不晚于明代中期，《新纂云南通志》载：天马关桥"白崖人捐修数有修理"。1982年，经弥渡县人民政府公布为县级第二批文物保护单位。

【注释】

埽：治河时用来护堤堵口的器材，用树枝、稻草、石头捆扎而成。

岘（xiàn）岭：小而高的山。

天马关晓行

（清）吴琏

不用丸泥固此关，匆匆马迹踏重山；
一溪烟水催人疾，云外晴光靓古颜。

【作者简介】吴琏：弥渡人，生卒年代不详，清乾隆丙辰科（1736年）进士。曾任蒙化厅学正、丰都县（今属重庆）知县等职。

登龙华寺

（清）龚亮

凭虚高阁净无尘，待我攀跻望眼新。
古树花飞龙影动，蝉栖韵话鸟声频。
鳞鳞千嶂来青霭，曲曲重溪绕王宸。
试问探奇访胜客，几回曾置碧霄身。

【作者简介】龚亮：弥渡寅街镇辛野村人，生平事迹不详，清雍正己酉科（1732年）举人，任国子监助教。

【题解】龙华寺位于今弥城镇龙华寺村内。

依云楼

（清）龚锡鼎

少承师训在斯楼，今日重登已白头。
垂髫方随题雁塔，归田又早筑兔裘。
千章乔木门长绕，万帙香芸架故留。
手笔惠连应努力，好同燕国继风流。

【作者简介】龚锡鼎：弥渡寅街镇辛野村人，生平事迹不详，乡试亚元。清

乾隆戊辰科（1748年）进士，曾任直隶南和县知县。

【题解】依云楼今已不存，也不可考。

蜜滴丈人峰

（清）潘萃景

泰岱频登不老人，松间柏上喜安身。

层云荡处怎无语，明月移时越有神。

共访罗侯非也是，同欣至圣伪邪真。

久观天下如何小，教泽常留蜜水滨。

【作者简介】潘萃景：弥渡人，生平事迹不详，贡生。

【题解】蜜滴丈人峰：在今牛街彝族乡牛街下村，牛街下村旧称蜜滴，因古时此地龙潭树极茂，树中居蜜蜂，蜂蜜下滴入地而得名。在其后面山顶上有一重达上吨的巨石，远看似巨人登高吟哦，所以当地人称为丈人峰。

草书诗碑

（清）杨周冕

戏马台前山簇簇，山边饮酒歌别曲；

行人醉后起登车，席上回首动僮仆。

青天浸浸复长路，远游无家安得住？

烦君到处自题名，他日知君由此去。

【作者简介】杨周冕：号铁臂翁，弥渡弥城镇人，生卒年代不详，清乾隆丙辰科（1736年）举人。官四川罗江知州，解官后，主讲罗江书院，名达一方。著有《古华诗集》，善草书。

【题解】这首诗的墨迹被当地刻为诗碑，今存四川新都桂湖杨升庵纪念馆中。

毕波罗窟

（清）黄元治

僧庐两座总云封，左傍青崖右傍松。
觅到洞泉敲石火，一声林鸟一声钟。

【作者简介】黄元治：号樵谷钝夫，生活于康熙期间，清黟县西武黄村人，生卒年代不详，曾任云南澄江知府、大理府通判。清廉自守，在西安任太守时，被当地百姓称之为"青菜太守"，晚年归乡，孑然一身，房无半幢，田无一丘，只得借住在宗族祠堂里。黄氏工诗善书，著有《黔中杂记》、《燕晋游草》、《潜龙庵》等。

弥渡现龙桥自显名石刻诗

（清）无名氏

河边黄石果生成，终是圯桥皓叟遗。
若伴赤松游至此，肃然起敬骤难离。

【题解】现龙桥在密祉亚溪河上，是文胜街通往土官村要道桥头，有清康熙贡生自显名，于康熙五十七年（1718年）题诗刻于道旁一巨石上（今存）。
【注释】
赤松：即赤松子，古代名人。

弥渡仙女寺题壁诗

（清）无名氏

盼断巫山隐石虾，彩云深处是农家。
来年得意秋花路，古木寒鸦啜一茶。

【题解】仙女寺位于弥渡红岩镇仙女庄，又名仙女庙，清《赵州志》载：传有一永昌（今保山）书生，上省赶考，得仙女赠银于香炉中，仙女有诗以赠予壁，表示祝愿之情。

弥渡苴力十二景诗碑

（清）李朴

岭上天池，村前印山。

东岗拥月，西溪倒流。

奎阁乘风，云桥观涨。

斜阳返照，曲水朝宗。

木枧横空，仙床高卧。

迥岸砥柱，趣石成卢。

【作者简介】李补：号闲闲醉隐山人，苴力人，生卒年代不详。

【题解】这首十二句四言诗写于咸丰六年（1856年），今存，碑立于苴力桥南奎阁下路旁。

古文 Guwen

镇蝗医王寺记

（明）李元阳

白崖在大理东百里，连冈峻岭之麓，土田膴美。有大水曰里社江蜿蜒其间，以资灌溉，稼穑之利数倍邻壤，丰年则千里赖其利。然地多蝗祟，苗秀方盈之际，螟蟊一出，生意顿萎。刈获登场，十损六七。农人失望，米价遂腾。谚云："白崖熟，一郡足。"言难遇也。

唐贞观间，有僧教民建塔以厌之，蝗乃不生。历数百年，号为乐土。然受者不知其因，作者不传其故，风雨剥落，塔庙尽圮。比岁，虫蝗大为人害，小民逃于逋负，州县烦于追征。讼狱繁兴，寇盗伺隙。万历甲戌，居人朱楠捐舍家赀，重建塔庙。至乙亥秋，一川之内蝗净如洗，芃芃穰穰，遂至大有，万井之农莫不欢欣。守长表其门，生儒颂其事，二三子谒余于苍霞之舍，征言刻石以告将来。

余曰："佛之道宏深溥博，自古名贤硕儒皆致其崇重。有宋如韩魏公、范文正公、富郑公、司马温公莫不参访其法，而诣其极。当时人国赖之以安，此则上智知其大者之所为也。若夫途人贩竖一领其法，诚能灭悭除贪，施财不吝，以崇饰塔庙。其人之愿如持左券以取，必于佛无弗应者。盖佛有十力，其力无边，如月当空。而江河、湖海、池沼、凡有水处无乎不印。内典云：'佛为三界，大医王随众生所苦而疗之。'然则厌蝗塔起于朱楠，以人之苦为己之苦，损己益人，其感通宜有大焉。《诗》曰'如几如式'，言福以类应，如其所期而又如法也。此其之谓乎？"

【作者简介】见《白崖土城记》作者简介。

【注释】

里社江：又作礼社江。据《大理白族自治州志》卷一："元江有东西两源，均发源于大理州境。东源出自祥云县，称毗雄江；西源出自巍山县，称西河。两河在南涧县境内汇合，称礼社江，向东南流入元江县境，始称元江；由红河州河口县流入越南境内，称红河。"本文所指实为毗雄江。

膴（wǔ）：肥沃。

蟊（máo）：吃苗根的害虫。

刈（yì）：割（草或谷物）。

芃（qiú）：禽兽巢穴中的垫草。穰（ráng）：稻、麦等的秆。

万历甲戌：万历二年，1574 年。

韩魏公：即韩琦；范文正公：即范仲淹；富郑公：即富弼；司马温公：即司马光。

如几如式：语出《诗经·小雅·楚茨》。几：借为"期"，指如期祭神；式：法，制度。

赵州诗学源流述

（清）赵淳

赵为滇文数，自有明三百年来，工帖拈取科第者，垒垒而风雅，缺如谨传一，舍生取义逮击京狱之张聚奎，尚有吉光片羽，岂果穷而后工取，缘其以囹圄为博古堂，故能蓄极而发耳。

我朝定鼎后，始得龚乃修先生敏孝而好古，其天生桥古作与余自新学博之五台山，诗立传其后，如遂可学士之《蜀游草》，王伯英先生（才佐）不仕，伪逆著有《梅溪草》，余晚年始得见之，若郭子洪先生（郭复虢）之《石头吟》。吾师时佛山（时功亮）之《仙极游草》，皆启其先者也。余诗社中，则推邹翘楚（永倌）之高雅隽逸，时贮石（也健）之古拗萧疏，张云卿（雯）之山林雅致，著于云石庄郭益藏（汾添）之逸致深情，犹存寓杜亚李唐之力，追中晚靳国右（文汉）之酷傲杜公，靡不各有心得，他若湛、若苏（苏鸿霖）仅传读史之一篇，仙蟠李公（云根）只存寄友之数律，维屏李子（宣）至川金子（涵）则派衍，香山渭仙郑子（璜崐），明达张子、宋昭袁子，诸人则偶一为之，而未暇精辟不息者也，然唐人亦有仅传一二人者，但争工否耳。余侄青田，亦颇作体，惟及门，郑子以不得试而寄遇遥深，有骚人雅致。余三子亦各能诗，顾瑗瑞俱以天，仅存遗集，则与沈子辉宇唱酬居多，而皆有进境，余亦与为忘年，后有兴者，来可量也！

【作者简介】赵淳：见《诸葛城》作者简介。

萌椿书屋诗话（节选）

（清）师范

　　自古帝王能诗者，《大风》、《秋风》而外，宋、齐、梁、陈、隋无论矣。唐之太宗、玄宗，天才雄杰，实开一代风气。降而宋、元、明，书册所存，不少可传之作，然未有如我朝之盛者。列圣相承，天章炳蔚。至今上以万几之暇，制为《初集》、《二集》、《三集》、《四集》，颁示天下，即古来专门名家之士，亦未有如是之富者。典型斯在，咸泳津涯。臣谨就管见所及，敬登简首。《题宋徽宗画》云："笔端多少江南意，何事终成塞北游？"冷语唤醒，而道君之失德，自在言外。《丰润行宫早发》云："晨蟾背西指，曙马面东迎。坂黍露光重，衢杨风意轻。"描写物情，备极精炼，而出之若不经意。天纵之圣，岂徒然欤？

　　家大人以辛酉第二魁于乡，由丙辰挑选训导晋宁，量移长芦石碑厅，屡兼越支、归化三护分司篆。事上接下，不激不随；两入荐剡，俱辞而让之他人。至义利取与之界，尤为斤斤。尝戒范曰："吾辈干事读书，俱不可任天而弃人。予幼时，性颇钝。年十四，汝祖父以应试卒于楚郡。无叔伯昆弟之助，因自思舍此案头物终无以报吾亲。奈日夜呻唔，旋得旋失，遂虔祷于伊供大士，并作一疏焚之炉中。甫就寝，见一人持刀启胸提予心，三洗之而去。醒后汗淫淫在，胸鬲间且犹负创痛。自是心境豁然，日有进机。予之得以承先启后，弗坠家声，皆由神佑。然亦非予之积诚，无以致此。汝当识之！"当家君应试时，尚未有诗。癸未北上，与同年金公式昭结伴，著有《北征集》一卷。《镇远舟中》云："舟去移山影，天来接水光。"《春日游海淀》云："望春楼阁烟霄里，修禊亭台海树间。"观补亭先生评曰："庄雅明丽，不愧唐音。"自理薐永东，遂不复作。戊申予先还里，偶成一绝示范云："二十年前淮海游，归来依旧理田畴；去时头黑今头白，笑看儿孙也白头。"一切激烈感叹矫饰之词俱无可著，所谓"仁人之言，其意蔼如"也。识者鉴之。

　　……

　　褚筠心先生以丁丑召试成进士，入词馆，大考一等第二，屡典文衡。乙未春闱，为予荐卷，师接见后，备蒙礼遇。题予《伫月图》中二云："春序几人惊婉娩，月轮终古擅光华。多情浓识中庭露，独赏香怜绕砌花。"又曾为予书其黄鹤楼旧作，有云："境从去鹤飞边胜，诗到无人和处传。"句新而极稳，景浅而极确。予《骈枝集》，皆先生所点定者。

　　曹习安先生乃江左七子之一，与筠心师同登召试前，刻《宛委山房集》。其

五言云："绿树歇疏雨，人家春鸟鸣。""夕阳千树暝，残雪一枝斜。"七言云："浪连铁瓮无边白，山到金陵不断青。""白露为霜人乍去，碧天如水雁初闻。""两岸鸟声疏雨后，一溪花影晚晴初。"皆脍炙人口者。甲辰之役，先生误以予卷为鹤峰中丞少君，极力呈堂。出棘后始知为予，因索近作观之。予呈《乡园杂忆》四十章许，谬蒙奖励，赠以《刻烛》、《炙砚》二集，且为题《忙月图》二绝，其次云："点苍回首暮云横，剩有诗怀月露清。莫向乡园添杂忆，金波犹似故山明。"洗尽铅华，独存真韵，非所谓"老去渐于诗律细"耶？

钱学使南园，少负诗名，不自存稿，多散寄诸友人处。古体清劲质实，近体高逸沈炼。乙未乞假还滇，其《临漳遇雪》云："邢台路转背初阳，日日西行引辔长。一雪齐封韩赵地，万山交送浊清漳。谷阴冰滑驼颠趾，云际风严雁拆行。欲吊古来征战地，题诗先怯鬼雄伤。"《随州道中》云："枯杨风意苦，废寺水痕明。"又云："脍芥鱼抛枕，羹菘鳖褪裙。"前之雄直，后之巉削，无不各极其妙。才人之笔，不可端倪如此。

......

张大滇洲，晋宁人，性豪迈。丁未客都门，时与望山、匡山过予谈诗。予回滇，滇洲亦往济南。庚戌春，同寓宣南坊。出示《东山游草》一卷，造语生辣，颇多可采者。《中秋夜舟中独酌》云："岂是今宵月，偏于此处明？长江人万里，短烛夜三更。"《姜伯约》云："若教依魏氏，谁肯祀姜公？得子如鸣凤，知君有卧龙。九番承壮志，百战矢孤忠。古庙临流水，滔滔恨未穷。"《飞来石》云："来是何年月？岩岩坐翠微。兄兮如有翼，吾愿跨之飞。"《登泰山极顶石》云："峭壁撼天风，峻岩喷紫雾。我登封禅台，喜得振衣处。"《春闺怨》云："看花镇日小窗凭，几度拈花懒不胜。羡煞无愁诸女伴，手裁双凤绣春灯。"《七律·励志》句云："鸡犬最宜防野去，牛羊莫使入山来。"《九日怀人》云："送酒人来荒径晚，题糕客散暮山寒。"如新鹊出林，羽毛俊异，倘加以学力，吾不能量其所至也。

方大梦亭，晋宁人。朱四笏山，石屏人。住京日，往还甚密。予曾作《老将》一律云："二十从戎勇冠军，燕然山断皂雕群。摧坚不肯辞前部，犁穴曾经立异勋。苔卧绿沈枪已涩，血凝金锁甲犹殷。白头甘向关门老，闲对秋风指阵云。"梦亭曰："十二文中，'殷'字并无此意。若必作此意用，不如移入十五删，则山、关、闲、间、环、艰、殷，俱成妙押。"一时手滑，偶致不检，遂易为"苔卧绿沈枪黯黯，血消金锁甲纷纷"。然终当改作，以答良友之意也。又有《本事》一律云："已成情恨复情痴，恶耗传来信忽疑。愁易填膺仍讳病，药难及膏枉求医。凄凉被履余今日，辛苦刀砧忆往时。我未言归卿便死，免教人世有生离。"笏山曰："'不教人世有生离'，似觉更紧。若'免教'，是幸其死矣！"二君皆予一字师，志之以示不忘。

李苇斋为庚午解元，国衡公季子。工时艺，屡举不第，遂逃于酒。曾有咏梅句云："大力冰霜后，元功天地初。"簪崖评曰："可匹'独立江山暮，能开天地春'之句。后人极力深造，稍觉自得之语，往往不能出古人意之所到。所谓'先得我心之所同然'，此类是也。"予谓沈公身丁鼎革，故此语弥觉其工，若以宗旨论之，则苇斋句尤为近里。

赵二觉斋，总角时即与家素人唱和，后则每变而愈工。方梦亭、张溟洲、何鲁崖皆奉为畏友。其《步人咏鹤八律》有句云："云中瘦格群推丙，华表游踪旧识丁"；"草阁云团珠树绿，桑山日挂岛门红"；"粮熟芝田秋饭石，书来阆苑体簪花"；"楚塞高楼横月影，黄州断岸走江声"。又，《于华山精舍谒玉峰少宰画像》云："软障高悬历岁寒，九龄风度未摧残。白头归佛浑闲事，说法居然现宰官。""抚仙湖上返征鸿，重到僧房谒钜公。石气青苍云气冷，山茶一树接檐红。"尝鼎一脔，亦足知味。

王雪庐大尹，性清旷，尚诗文，尤工铁笔。著《红书》二卷，不减何雪渔、程穆倩。随意作没骨画，颇有生趣。予趋庭晋宁日，朝夕请益。曾记其《寄李淡园》云："囊空应有债，笔秃定随身"，造句酷似贾长江。又题画意赠予云："昂藏自有冲霄志，潇洒真看出世姿。绝胜人间最高树，蓬莱山上矮松枝。"虽云林、石田，无以过此。

……

京江王梦楼先生，以庚辰名探花入词林，大考第一，晋侍读。出守临安，为属吏所累，部议降调。其赴省日，过晋宁，独游段氏竹园。主人出纸索书，先生即题云："晋宁南郭外，修竹自成林。风过夏鸣玉，似闻流水琴。绿天寒欲滴，白昼淡生阴。而我栖栖者，于兹清道心。"一气呵成，自然高妙。时予年甫十四，亦和云："既然居修竹，合让子猷看。地回烟痕密，天低月影寒。况闻减骑从，相对依坛栾。啸罢归来晚，神移第几竿？"盖先生咏竹，予则咏咏竹者。虽少作，似不草草，故记之。

陈翼叔，名佐才，不知何许人为。胜国时，桂王由榔将孙可望入滇，虽以恢复为名，而贼性未悛，挟主请封，肆行杀戮。翼叔心伤之，遂遁去，隐于阳瓜。乱定后，改道士装，手制一石椁。椁成，适谢世。著有《天叫集》、《宁瘦居》、《是何庵》等草。其《题关帝宫》云："汉家无寸土，关帝庙长存。试问何功德，杀戮为天尊。曹瞒亦杀戮，至今鬼犹哭。"《乐府》云："龙死有小龙，凤死有小凤。"《咏茶花》云："染红一块地，遮黑半边天。"论其诗，可知其遇。至其《送

古文诗里的弥渡

远曲》云:"临欲别时不及问,可过云遮那座山";又有五言云:"斜月低千树,远山高过天",一种清妙之致,前后若出两手。俗传不识字而能诗,恐未必尔。

松溪彭公,讳印古,竹林族大王父也,幼负材。兵燹中偶获一丽质,盖乐昌、红拂者流,惧人物色之,键户相守。遂抱相如疾,未四十而终。著有《松溪集》,多挺拔语。尝记其一绝云:"一林烟树里,隐隐两三家。怕有人寻问,溪边不种花。"愈浅愈真,宛然唐人声口。

本朝来,吾郡诗学首蒙化,盖有退庵先生父子提唱其间,遂多可观者。退庵尤工书画,九十余能于灯下作蝇头楷。喜写松鹤,飘飘有仙气,山水亦到四大家妙处。著《抚松吟》。其司谕浪穹日,曾题潜龙庵云:"黄崖青山并渺茫,独留遗迹小云堂。沈沦衮冕悲皇祖,寂寞袈裟老梵王。灯火半龛悬午夜,忠魂一碣卧斜阳(旁有希贤应能墓)。死生不尽君臣泪,添得弥茨水更长。"怀古诗可谓及格,高出许浑、刘沧远甚。

张景园孝廉,退庵先生从孙,诗书俱有祖风。尝渡黄河,有句云:"九万里奔东海阔,一千年为圣人清",与竹林"乾坤惟此水,江汉尽支流"分道扬镳,各极其致。

吾乡张鹤亭,幼即能诗。丹山、圣峰、苇塘皆与之善,予终未识面。尝和杨一川《书生八咏》,《颅》云:"天下让君先放出,名山埋我不妨穷";《舌》云:"帐下谈兵惊客咏,军中嚼血动猿啼",栗亭极赏之。竹林《己酉秋阳江怀人》云:"师丹归去纱为帐,张祜狂来酒满尊。"与予作对,其人想当不俗。

优人得发,周姓,武进籍,三十年都中名旦。《燕兰小谱》评其为"昆班之最",予犹及见之。香帆曾诵今宫坊刘存厚先生《斜桥》一绝云:"去年花底送吴舠,绿满秦淮水半篙。行到斜桥重回首,春风一树野樱桃。"情境两妙,盖即为此优而作者。

安州陈皋使,诗才雄杰,尤工七言古。予曾见其《东门行》、《骊山温泉》诸作,沈郁处不减遗山、道园。丁亥寓长芦运使陈谭屿先生署时,有起复之意,其《闰七夕》句云:"绿宫再去添针线,乌鹊重来费羽毛",较之赵秋谷"未必天孙思再渡,世间儿女漫相猜",同床各梦,互极其趣。

【作者简介】师范:见《弥渡五君咏》作者简介。

《谷西阿先生诗集》序

（清）初彭龄

我师西阿先生自撰诗集为一编，曰《龙华山草》者，初官翰林，请隐家居，读书山寺之所作也。曰《彩云别墅存稿》者，服官都门，家居城西之所作也。皆淡远高旷，自得于性情之际。其他，才气辞藻之作，则别为《采兰集》，不以入此编。彭龄受读竟，复录先生之意，叙其大指。

夫诗自《三百篇》后，其变至不一矣。汉、魏之醇古，齐、梁之绮丽，既已各不相合。至于有唐一代，作者辈出：李、杜之诗，纵横变化，是为集古今之大成；其余各各名家，指不胜屈，而襄阳、右丞、左司、柳州，独以淡远为宗。宋时宗杜、韩者，谓之西江；宗温、李者，谓之西崑。迨濂洛诸君子专言文理，诗又一边。先生于诸家无所不窥，早官禁近，雍容润色，抽秘诗，骋妍词，亦无所不能。晚乃刊落才华，一意古淡，于濂洛取其理，于王、孟、韩、柳取其雅词，与其高格，以远希乎汉、魏醇古之音。然则先生之所以为诗，又岂浅近之所得而窥测也哉！

先生为谏官，风采甚著。其后改官比部，自公退食，萧然高寄，绝不以升沉撄心。城西之寓，老屋数椽，自谓得心远地偏之趣。俯仰一室，浩然自得，发之于诗，又余事也。昔沧浪严氏论诗，以不落言筌、不涉理路为超妙。而议者非之，以为：诗本言志，有美有刺，凭理而发。是故有隐秀之言，而非可云不落言筌也；有元远之理，而非可云不涉理路也。知此者，可与读先生之诗，可与识先生之性情矣。

嘉庆十年三月，受业初彭龄议序。

【作者简介】初彭龄（？—1825）：清代大臣。字绍祖，一字颐园，原籍莱阳。乾隆四十五年（1780 年）进士，历官编修、御史、云南巡抚、刑部侍郎、内阁学士，道光擢兵部尚书。

给事中谷先生家传

（清）包世臣

先生讳际岐，字西阿，姓谷氏，云南赵州人也。其先世隶江南合肥。始迁祖原一，于明初从黔宁王入滇，以功授指挥，占籍赵州之景东卫，名所居曰谷旗营，子孙家焉，遂为州人。曾祖逢年，妣刘氏；祖思勋，州学生，妣张氏；考茂，国子监生，妣叶氏；以先生官翰林，恭遇纯庙七旬万寿，特旨得封赠三世。

先生幼善病，然英异好读书，常拥被篝灯，达旦不寐。成童，补州学附生。弱冠，以冠选拔廪生中式副贡。乾隆甲午秋试后，遍阅同人文，谓同州生师范必第二，师君亦谓先生文必第一，同人不许，已而果然。滇中人士，至今艳称之。

乙未，成进士，改翰林。戊戌散馆，授检讨，与校《四库全书》。同考庚子礼闱，得士多知名；兵部尚书莱阳初彭龄、漕运总督夏邑李奕畴，其尤著者也。辛丑，乞假归，侍叶孺人疾，旋奉讳。既葬，以云贵总督富纲聘主省城五华书院，遂迎国子君至省就养。国子君有足疾，每夕必涤濯，先生亲进巾匜，三年无少间。国子君卒于书院，先生徒步九百里，奉柩归，丧葬尽礼，士林以为式。先生主五华三年，从游士且三百，而癸卯、丙午两秋试，得隽者至五十四人，故滇中名流，大半出其门下。滇省附城有六河淤塞，山水发，无所泄，民甚苦之。先生白于富公，浚治如法，数百里以无水患。

先生自甲辰奉国子君丧归里，积劳成怔忡，养疴本州之龙华山寺十年。及乙卯，稍痊，入都，起原官。嘉庆戊午冬，改福建道监察御史。川、楚自丙辰春，教匪跳梁，糜烂数省，先生遍求秦、楚、蜀、豫之人士入都者，询问其由；笔记成帙，参考其虚实。既灼知通变之始，因赃吏藉端诛求过甚，而滋曼之故，则系督抚畏葸扶饰，养寇糜饷。既居得言之地，必效其职。……遂于己未正月十二日上奏，间日又上奏……略曰："臣伏读谕旨，教匪聚众滋事，皆以官逼民反为词，殊为怜恻。……若得惩一儆众，自可群知洗洁，宣奉德意，所关于国家苞桑之计匪细也。"两疏相继，悉荷采纳。寻擢礼科给事中，稽查南新仓，巡视中城。

云南盐法向系官运官销，日久因缘为奸，好井出净盐四十斤掺和沙土六十斤为一石，按口比销。居民生子女，即计口，而病故数十年者，不除其籍。又牛一头，比人三口，其牛转卖，则科买者，而已卖之户亦不除。民课市盐不可食，率缴价而弃盐于署前，价稍不足，则刑求至苛急，民不堪命。及嘉庆丁巳，又以威远调取民夫，里长办实夫已齐，有司忽改为折价，每名索取三两五钱释放。放后又征实夫，并将邻邑接济长夫羁押勒索，遂使迤西道属十数州县同日哄署，将管盐拨夫丁役，挖目刮肠，几至戕官。迤西道李亨特闻变驰往，出示禁革科盐派夫诸弊，众始解散。数月后，渐捕获为首者解省，研鞫经岁，抚臣止以斗杀拟辟，不肯将配盐派夫激变之情上达。狱既成，官吏执法如故。先生去滇万里，廉察得实，遂上奏。……奏上，奉旨交滇省督抚查办。时抚臣内用，总督富公兼抚篆，以滇省盐法宜改以便民复奏。奉旨交议，而旧抚臣在都，欲沮其事，先生再疏频请，词不录。未几，富公丁艰去官，上以交新督大学士书公，会同新抚初公核议。初公居门不久，闻此事于先生甚悉，卒以富公原议稍增损之，订为灶煎灶卖，民运民销，至今便之。

壬戌，以奏劾长随蔡永清僭越勾通朝贵事失实，镌级，降补刑部员外郎。丙寅，选本部郎中，保送繁缺知府。庚午，引疾归里。行过扬州，两江总督百文敏公、两淮盐政阿克尚阿，延先生主讲扬州梅花书院之新设孝廉会文堂。扬州卑湿之乡，士气恇怯，先生谢绝势交，生徒进问者，惟言熟读宋五子书，反质诸身之所行而已。客扬州五载，以乙亥十二月五日卒于椿园，年七十有六。配杨宜人，生子晓，岁贡生，皆适杨汝梅，次适苏均。……扬州诸生徒，共同为其卜地于城北紫竹庵侧，素衣纼绋，异声同叹，可谓生荣死衰者矣。

名流先达，多萃江介。惟桐城姚姬传先生主讲江宁之钟山数十年，粹然不立崖岸，而无瑕可指，不愧人师。自先生至扬州，论者始以为德之有邻也。

先生之学，以自守为本，有学为宗。不尚谈说，而词旨清穆可诵，为有德之言。前有《五华讲义》若干卷，其版行于滇。在扬州选刻《大儒诗钞》若干卷。其他诗文多散佚。……

【作者简介】包世臣（1775—1855）：字慎伯，晚号倦翁，安徽泾县人，清代学者、书法家、书学理论家。嘉庆二十年（1815年）举人，曾官江西新渝知县，后被劾去官。其学识渊博，喜兵家言，治经济学，对农政、货币以及文学等均有研究。自称："慎伯中年书从颜、欧入手，转及苏、董，后肆力北魏，晚习二王，遂成绝业。"其书法对清代中、后期书风的变革影响很大，至今仍为书界所称颂。

古文诗里的弥渡

重修弥渡回龙山龙王庙拓建书院记

（清）陈焘

弥渡，古建宁郡也，南望天目，北依青螺，西列龙华诸峰，层峦叠翠，既为弥之人杰所自出，而城东有回龙山焉，蜿蜒清矫，体格尤美，昔人谓弥城如舟建塔以绾之迨。

嘉庆元年，前通守陆又以回龙之名，特建龙祠于其上之阳，以为士民乞祷雨晴之所，亦养政中之一道也。余自去夏来署弥阳，深喜此地为富庶文物之区，转惜此地人文有今昔之感，是岂由守土者之政教不宣欤？抑为地运之变迁，如龙或潜或见之异欤？否则先太史与督学诸名公之遗教未远，何以近今三十余年科第剧逊于前耶？客岁，余试观风□就奎阁外之奎光书院，见其卑陋湫隘，喟然叹曰："此非所以居肆立教之地也。"时有告余者，曰："此地原属形胜，惟因前通守张改回龙山下之水，强趋于西，遂今河日渐高，而书院日居洼下。"于时，余即有迁设之心，第以从公无暇，未及择地。

今春初吉，适有事于龙祠，登高眺远，则见左罗屏，而右文宸枕天桥，而绕昆江，且首临铁柱，面临□□，众山束朝，势若星拱，更溯此山，发源于鸡足，南行百余□，过梁王，经水目，忽斜趋于小西庄，逆折而北回，结此山而止，因以回龙名之天钟。此山似特留为新建书院之地，而前日之有龙祠，即为今龙文鹊起之兆，则于此祠而拓为龙文书院，谁曰不宜？集弥之荐绅士庶共观而共商之金乐胜地，余先捐金，以□事更合众力以鸠工，然仍龙祠之旧址，而改设左右上下四厢房，以原门地为讲堂，而添建门楼于其外，上起文阁，以振文明。工程告成，从此教育英才，如鼓浪于龙门，如见龙之利，见又安知今实胜于昔，而济济多士簪缨不替也。

予是为序。

【作者简介】陈焘：生平事迹不详，从"余自去夏来署弥阳"来推断，写这篇文章时在弥渡为官。

【注释】

回龙山：位于弥城东门外，又名景屏山或谓大尸山，即今称的朱山与文笔山或塔山的全称。

塔：即回龙山古塔，又名文笔塔，密檐式六方椎形实心砖塔，共十一级。

宸（yǐ）：古代宫殿内设在门和窗之间的大屏风。

修赵州志（节选）

（清）陈钊镗

　　赵州，古国昆弥，名白濮族类，羁蛮荆（州，古昆弥国，白濮之类，春秋时属楚）。汉元狩中，彩云现，渐易椎髻冠缨。张官设吏，视内地，或州或郡，随时更。明初，始隶大理府，西迤冲要，称名城一方，文献孰为志，创始万历庄公诚。圣朝增修有程牧（明万历间州牧庄诚始辑志四卷，雍正初程牧近仁增修七卷。）依例峻整加详，明我今来，在百年后宁典是式先民程。

　　时移事异难胶柱，变局易子如棋枰。风俗淳漓吏得失，地方舒促财绌赢。人才盛衰本教化，防禁完窳关屯营。文学政事竞彪炳，忠孝节义扬芳声。百十年来，付阙典风化所击良，非轻不修志乘，久远竭由，激浊扬其清，下车数月事渐了，吏笔欲秉心，怦怦金云，资用贵饶，爰捐薄俸集众擎，大开馆舍，优饩廪分司厥，事延耆英临，以帝天仰师保，庶秉直道符公评，始自癸巳，迄甲午……

　　【作者简介】陈钊镗：见《白崖》作者简介。

　　【注释】

　　《赵州志》：始修于明万历年间，现存雍正年间程近仁版本和道光年间陈钊镗版本。

　　窳（yǔ）：恶劣，粗劣。

《哀牢夷雄列传》序

（清）夏正寅

　　满庭失纪，洪杨揭竿。吾滇汉、回、夷杂处，汉众回寡，回黎迭遭杀戮，汉主夷奴，夷庶历尽欺凌。杜帅乃起义于金鸡，回黎归附；李帅遂举旗哀牢，夷众响从。益由杨荣之辈，卖主求荣；刘李之徒，趋炎附势；致杜帅气尽自刎苍洱，李帅力竭就义于蒙乐，良可痛也！

　　余在襁褓无乳，乳母哺之；幼疴几绝，义父愈之；乳母义父，皆夷属也。王参军泰阶、李上将军学东、杞付参军都督绍兴，旨家君之挚友也；余年弱冠，因王参军之荐，受李帅之知遇，入帅府为吏；李帅亦夷属也，余身受夷恩深矣。顾亭林有言曰："天下兴亡，匹夫有责。"余一介儒士，既不能起夷庶于水火，复无力脱李帅于刀芒。公义不及，私情末尽，不揣愚陋，敢传夷雄十四人，以铭不忘。

游侠货殖，世之所轻，史迁传之；益游侠货殖之行，于生民有义有利也。哀牢诸夷雄，为民除暴谋利，不为世所知，曷可不志哉？

诸传中，刘柄贤非夷，然其导致李帅败亡，遂志之。李学东非滇夷，然其生平尽瘁于哀牢夷，故志之。王泰阶非夷又非滇人，惟其乃李帅之策士，宜志之。

余与邻夷友善，夷翁夜无事，辄聚余舍，淡茶清酒，围炉而谈，每至深夜不散。夷翁每道及李帅、王参军、李上将军之事，莫不相对饮泣；余之所传，亦多夷翁之所述也。

夷有宗谱，别婚姻之界，明继承之制，今鲜存焉，日久将绝。所传诸雄，亦鲜有宗谱，只搜致张兴癸、杞彩顺、杞绍兴、鲁得盛、阿里白五篇，谨附诸篇末，以明夷氏之礼制。余因夷巫之助，记音录名，志于传中，后之谙夷文辨夷音者，可察焉。

岁在光绪甲申（1884 年），南山夏正寅序于弥高村庐舍。

【作者简介】夏正寅：见《李文学传》作者简介。

【注释】

金鸡：为保山县一回汉杂居村，杜文秀出生于此。1856 年，保山回（河蟹）民在这里起义。

哀牢：指云南西南部之哀牢山脉，非史称"哀牢夷"之哀牢山。

杨荣：杜文秀所属大将之一，职衔为大司衡，清军围困大理城，临危投敌。

刘、李：即李文学部下副参军刘柄贤和侍卫将军李明学，均临危叛变投敌。

苍洱：即大理之苍山和洱海，习惯以苍洱称大理。

蒙乐：即哀牢山脉之西的蒙乐山脉，李文学为清军戮于哀牢山上段西南之一小山冈乌龟山，这小山与蒙乐山仅一河之隔，相距三里许，曾被误为蒙乐山，实为哀牢山，夏氏亦为习称所误。

哀牢夷：指哀牢山脉区域的彝族或其他少数民族，非指史称"哀牢夷"。

南山：哀牢山上段南涧、弥渡、南华、楚雄四县属地区，统称之为南山，因皆在其县治之南。夏正寅为哀牢山南华县属区域人，故署南山。

碑记 Beiji

故安人车氏墓铭

（明）杨森

安人车氏讳观音金，乃昭信校尉百户杨公敬之配也，其先出于梁王之族鄯阐车元帅之女。姿禀聪慧，端淑静一，勤于织纴，父母钟爱，笄而选婿，适赵州白崖铁柱邑金牌杨氏。自蜀汉武侯建铁柱封张氏为酋长，以杨氏为武将，宰守斯土，迄蒙启继立。杨氏韬略传家，元世祖驾至大理，赐杨氏明珠虎头金牌，掌爨、爨军，传至义园为布燮，再传至铭，任景东式守。铭生敬，即安人所适也。及聘安人之归，事舅姑尽孝，和睦亲族，处家以俭，衔下以慈，岁时相祀为谨，克勤中馈。敬公之为人，气宇魁洪，仕前原土军万户，迨我国朝车书一统。洪武癸亥，云南平复。公能款服孝忠，蒙充本州百户长，功讨边境，收捕有功。赐命授昭信校尉洱海卫中左所百户，持心操节，抚安军士，抚雪无辜，远近称颂，人皆知安有以相之。

安人生于□年八月□日，卒于正统丁巳年二月二十二日，与夫君合葬于西山之麓，子男七人，曰春，袭父职爵，娶杜氏。曰慧，习礼乐射御书数，娶杨氏。曰海，尚武艺，娶王氏，继普氏。曰隆，娶李氏。曰恭，娶阿氏。曰禾，娶杨氏。曰定早逝。女八人，口息婿舍人亏坡，珠婿高仲，凤婿土官巡检董禄，好婿怀远将军弟施允中，春婿舍人王瑛，贵婿指挥施平，满婿千户俞城均，花婿指挥舍人杨镜。孙男十九人，璟承父爵升千户，智禄琏泉义亨祥智坚真应蒿先宝荣华当义智。孙女七人，贤适千户自保，菊适舍人俞四，桂花叶适舍人杨林，玉适杨璟，祯适杨庆，音适王荣，小普女尚幼在室。

若瓜实之小者近本而大者在末也，岂非安人贞吉之余庆，所以致之欤，于戏！凌云之木，其根必深，涧宗之水，其源必远。物本乎天，人本乎亲，安人所生者不惟子之慎终追远，而女曰凤则竖碑于父，曰好则立石于母，盖贵而能勤，富而能俭，已嫁而孝不衰于父母，天之所以报应，车氏之子与女者，岂又念久而显荣哉，因以徵之予书其梗概，而铭曰："嗟安人兮神秀清，容婉顺兮性懿真，元帅父兮择婿精，金牌族兮婚礼成，相夫君兮武爵膺，事舅姑兮复归宁，勤中馈兮睦家庭，奉宗祀兮竭淳诚，躬内助兮著家声，浩于玉兮清于冰，韬略传兮子克承，世绵绵

兮愈显荣，依礼葬兮卜幽莹，山苍苍兮水澄澄，立贞石兮刻其铭，昭赞德兮似兰馨。"

天顺五年辰集辛巳春二月吉旦，辛卯科进士，直隶真定府赵州高邑县知县致仕叶榆杨森撰苍山习密阿授梨僧首李懋书，婿指挥舍人施允中，女杨氏秋好孙女、女施氏妙叶桢立，三塔寺匠人杨惠刊。

【作者简介】杨森：大理人，生卒年代、生平事迹不详，主要生活于明正统年间。现存《圣元西山记》、《故宝瓶长老墓志铭》、《老人赵公寿藏铭》等文。

【注释】
鄯阐：即昆明，昆明古称鄯阐城。

惠渠记

（明）王利宾

　　水之切利于民，曷可一日缓哉！天时之旱潦，靡常人之事，储本当预，故峻堤深堰修之。闲暇□□潦条，值足时无恐，岂非足食之上计。司牧者当加意与学觐。周记：述沟洫迁史书，河渠□□□保，于国计民生者非浅鲜也。

　　赵之南距州治南三舍许，里曰巧邑，旧有西山坝筑。自国初鱼水茂丰，民甚赖之。迄嘉靖年来，日久圮敝，兼以水势冲突，旋修旋坏，迄无□功□□，禾黍不登□负□□，岂兴利者若有所时与！

　　万历乙酉，会成都人庄公莅赵，政通人和，留心抚学。里乡约有矣廷贵者，以其事报公□然曰：此□世之利也。即□令鸠工，委省察李应科、千户自全忠董其事，垒石为坝，出土为堤，高□十余丈，长广五里许，又为斗门二，以时启开。暗□疏渠流，注水汪汪，可灌田二千余顷。敬□川决之，旱则资之。栽插无失期，高下皆落霈，是向所谓荒原，今皆为沃壤矣！

　　昔李冰治蜀，郑国在秦，或鉴渠或筑陂，惠泽至今称焉。乃今我庄公泽之被民者，彰彰如是，峻德巍功，万古永赖。视二公不后先公映哉！是役也，经始于万历十五年正月，而竣事于十月，人以不扰民，皆子来计，亩则得三十余金计，工则千余工。而矣廷贵尚义，劳费更多，遂为之记。诸效劳襄成者，勒名碑阴，且吕造将来，俾无穰焉。

　　大理府赵州儒学训导　慕湖王利宾撰

　　禀膳生员李进书丹

　　禀膳生员郭寓青篆额

　　附学生员师元吉谨□

　　龙飞万历十八年岁在庚寅孟秋月吉旦

　　石匠杨继先

【作者简介】王利宾：河南慕湖人，生卒年代不详。时任大理府赵州儒学训导，与知州庄诚共同主持编写了明万历本《赵州志》四卷。

【题解】此碑现存寅街镇巧邑完小内。

重修黄矿厂朝阳寺碑记

（清）郭复虢

余闻之诸佛所居之地，名金世界、银世界。而梵宫琳宇必是山水之胜，故其谓之宝山，其所谓之宝所。此多宝如来为一大事，因缘出现于世，而中口云宝藏之兴者，信非偶然也。

先明三代神御极，四海太平，于时天不爱道，故地亦不爱宝，爰命内臣山公开滇四十八厂。而吾邑之东山，则黄矿厂为首焉！上资国用，下益民生，凡有盈余，即修建丛林，大作佛寺，如水目盖所，口宝花山也，公一一从而鼎新。至于今，山公之遗迹，犹有存者为黄矿厂之朝阳寺，则山鼎手创者也。世远尔多日就颓圮，人知有水目而不知有朝阳。

嗟呼！成坏废兴，岂独浮世为然哉？故成有时坏，亦有时废，有时兴，亦有时维。菴一刹亦皆有数存焉？即诸菩萨亦言石听之安之矣！夫后世继起之人有僧名正阔者，楚中人，发愿朝礼鸡足，初不知滇之有黄矿厂，并不知黄矿厂有朝阳古寺。大清初辟云南，世祖皇帝垂拱之有十八年，一时乡之父老而至朝阳古寺，寺已颓矣，诸像皆为风雨所扰，垣佛口落折攘崩，众欲从而修之，僧即毅然任口，经年而大殿之功告成，佛像庄严，焕然改色，僧一日至市，请予为文以记之。予讯之两因功以果乎，僧曰：未也，前殿口廊尚缺焉，而今未补。予曰："前殿两廊落成之日，记之未晚。"僧曰：某之为此者非未完备，以安一身也。但功课有人，香灯不断，某将付之欲往峨嵋，遍恭知识，闻而事之，因叹，近丛林名虽为备而实为一也，安口之圆，如公之见，废而修即修佛恋者，有凡人乎！亦可谓老坚而识远者矣，遂记之。问创之者，则先代之山公也。修之者则今世之楚僧也。则斯刻也，将与宝花山诸寺相为始终矣。

大理府正堂王、赵州正堂周、普洱粮补府缪，提标付府石、威远州世守掌印知州刀，弥渡巡司杨、李世通……

大清康熙二十二年岁次癸亥八月初八日，建宁太极僧正阔，居士郭复虢、彭有谅。

【作者简介】郭复虢：见《彩云桥怀古》作者简介。

【题解】黄矿厂朝阳寺：位于弥城东约5公里的东山谷，居太花乡新庄黄矿厂村后，背靠"太极"山麓，面向东谷钟鼓楼山，前临万花溪流，北濒天桥胜景，南俯衙山秀色。朝阳古寺始建于明朝万历年间（1573—1620年），为神宗内臣山氏太监驻黄矿厂办银矿时创建。现存黄矿厂朝阳寺，为清道光初年重新修建的古建筑，距今已有 180 余年的历史。1983 年，经弥渡县人民政府公布为县级第二批文物保护单位。

【注释】

水目：即水目山，位于祥云县城东南约 25 公里处，海拔 2670 千米，因泉涌清莹而得名，是云南开创最早的佛教胜地之一。

太和龙山书香公记

（清）毕星雨

窃闻国家元气在斯文，丽斯文之所赖以不坠者，家塾、党庠，教学相长以续书香于无替夫。一邑有一邑之书香，一家有一家之书香，上则为朝廷储栋梁，下则为祖宗继簪缨，一切纲常伦纪，皆由读书而知其义。况至愚之子，力学数年而过于明，至顽之童，穷经数载而化为秀息焉！师道立则善人多，善人多则风俗美，书香所关，岂浅鲜矣！

如太和村，龙山村，虽处山陬僻壤，而文风日振，书香绵延，但虑有子弟者无力供书，甚至半暗半明，往往废书三叹。近有武闱孝廉张伦、文庠张绍孔、张伟等相邀同学张庭元、张凤彩、张庭庆、张琴、张正茂，商及邑中耆老张可富、张延凤、张庆、张泰、李根培约订公约，现聚公德，永作文教资斧，培补后学。各耆老欣然应曰："此善举也，何乐而不为？"遂倡首约，递年延师课读，科年教期，量入为出，应抽公项帮助，使有志者上进，得此一臂之力，益兴鼓舞，尤望好义之士，竭力赞成，相传不朽。则此日泮水香芹从容竞秀，他年杏花春雨次弟牵芳，人才辈出，岂不懿欤。是为记！

大清光绪十五年岁次己丑新正月上浣吉旦

天水郡儒学廪生毕星雨阳甫顿首撰

后学庠生张祯士周甫顿首书

所捐公德开列于后

【作者简介】毕星雨：甘肃天水郡人，生卒年代、生平事迹不详。

【题解】太和龙山，在今弥渡寅街镇中。此碑在寅街乡河口完全小学内。龙山村：位于今弥渡寅街镇。

弥渡江西吉安府会馆碑记

（清）刘孟宏

关圣帝君忠肝义胆，日照月明，塞乾坤，互古今，历代屡锡王爵。我朝特封三代春秋，祀以太牢山陬、海汜，随在有庙。

弥渡僻处滇隅，豫章人士建祠崇祀，阅今数百余年，设像之初，圣帝化一壮士，伟貌长鬚，示匠人云像己肖矣，但鼻孔微窄，曷以无名指试之，匠乃复开鼻孔，言毕，忽不见，始知为圣帝显灵。壬辰地震，弥市城垣颓坏，圣庙亦独剩中殿，柱头椽梁架如井字围绕，圣像须眉豪无卸损，后连遇水患，庙之左右冲塌，而圣庙无虞。明末，沙酋猖獗，延蔓至弥，圣帝显像，单刀金铠，贼势即退。是日，圣脐珠光满殿，面口如雨，弥之人民遂得安，诸嗣是有祷必应，崇祀益处于殿后，塑圣帝文像左右，祀萧公、晏公，谓修真悟道，福国庇民，应得配享，且为西江福主所宜崇祀，今四海雍熙，前后殿宇，两楹卷阁，台砌铭坊，次第辉煌，虽同乡众善之坊宾，圣帝精诚与萧、晏二公之灵爽，默有以佑启之，赞其事者，固虽枚举而惟安成。

明进士、吾柳王吉人两先生力居，多夫忠义，人人所有诚信，圣人我师，铭心口意，又岂但崇祀之文已哉？余莅任宾川，旅寓弥阳同乡书圣庙，颠末以告爰抚宝而为之记。

【作者简介】刘孟宏：生平事迹不详。

修弥渡通川河记碑

（清）应梧

光绪乙未孟春，余权大理府事。会弥渡绅士杨玉发等，以酌提公产添修河工为请，西迤观察使张公建之，顾渭其蜀吏应梧曰：向闻子守激郡时，勤求水利，弥渡河务遂以劳子，子太守其嚎往图之，应梧谨再拜受命。

先是岑襄勤公督师讨平杜逆也，清敕各属叛产，无虑数千百顷，悉异地方岁济公用，订为卷金，实与膏火、义学，河道暨伤亡兵士家属养瞻诸名目，酌济多寡，俾无侵分，命士绅司其出纳，岁终拿汁簿于官，德盛溥也。厥后司公产者，率多侵渔乾没，置河弗理亦莫有厘粮。按问者河害寝深寝厥淹没田亩，冲踣路人以及畜，居民贾旅咸病之。杨绅等毅然以修河自任，而有是请不得不谓非行仁义者。以仲春之抄，余往勘河，下至弥渡三十里，再下至苴力河五十里。河至此止矣！

往下则深窟密箐，莫可究诘焉！则见有蹒跚水中，所募之百余壮夫也。问其经始，于役两越月矣，稽其度支所费千余缗矣。河之长直计八十里，于曲计之不仅百里，已浚者繁不胜纪，纪其尤为险要，且晚可虞者尚二十余区，矧河宜治，江亦宜治，厥江三实维河，原曰毗雌以夹九股箐之水俱入于河，次第治之。斯诚正本清原之道云尔也。顾时远工钜应募复守，甫下车信未浮民可若何？

嗟呼！民之痛切肤也，守之则毋旁贷也。守固无良图也。佚道之使而已，亦匪别图也。前事之师而已，因民力治民事，具有江治水成效在焉，乃号于众曰，具尔镨镨饲尔牛，负尔耒偕往勉从事，于河之干，河险且要者先治之，饥吾饷尔兼镐尔，午险要既平，乃疆毕尔耕稼完尔。禀吾将与尔共庆，夫岁之大有，秋咸纷然，以起谓太守忧民之忧。如此有不惟命者众弃之，余窃幸厥事之集也。因以下游之役，属署通守毛司马瀚丰，以上游之役属洗大令祖祥，仍责在工绅耆，五月一日报郡，居数日乃返，粘河图于壁，日审焉！泊仲夏河流极疏矣。秋时再往则黄云遍野问之，汗泽悉复沃壤，田夫野叟稽首道侧，或奉胾以进盍顾盼为流连久之，去复语以续修之役，底害善乃已从此岁修不复劳尔矣。并助百缗为之，劝属其事于实任，通守孙君绳武命商巡政廷淖佐之。明年春，续修告竣，余卸肩去郡矣！兹因绅耆之请为记事，俾书之碑。

卸大理府事迁江凌应梧撰并书
在事绅耆衔名附刊于后（略）
光绪二十三年六月初十日勒石

【作者简介】应梧：生卒年代不详。时任大理府事，后迁江陵为官。
【注释】
苴力河：由毗雌河与毗雄河汇合而成，因过弥渡坝子又称弥渡河。
岑襄勤：即岑毓英，官任云贵总督。
杜逆：指杜文秀。
病之：即以之为病，病：祸患。
缗（mín）：古代穿铜钱用的绳子，后又引申为计量单位，一缗即一串。
矧（shěn）：况且，亦。

重修毗雌江云津桥募引

窃以地方公益之事莫为之，前虽美弗彰莫为之，后虽盛弗传。是以创者修者其功每相资焉。而于桥梁之利济，堤岸之坚牢，尤公义务之所不可缓者也。

吾邑毗雌之水其源最广，而其性最猛，夏秋之间，其利薄而其害亦难防，故云津一渡为迤南往来之要津。前辈邓文公倡建此桥，始不病于涉。迨至道光中叶距国初，仅百数十年耳，其沙石堆壅桥洞中，涨漫桥梁，得菊村先生纠合南北绅耆，采石鸠工，升高丈许，利济乃变。复于桥两头新创牌表二间，俾游行者堪以憩赏，此皆前辈好义急公之所表见者也。

迄今坊之倾斜，桥之雁翅颓圮，揭盖补葺，甃砌题坊，工程极为紧要。由此，雨水将通，栽插在迩，务望克日告成，而经费单微，经营诸多掣肘。惟冀乡党之中，仁人君子，信女善男，欢迎赞助，倾囊中之钱，启床头之箱，各书头衔，同标姓氏，庶集腋成裘，众擎而易举，不日成之。良有以也，能祛吝者，永钦慕焉。

清授朝议大夫邑人李作梅尧钦甫撰。

密祉八士村告示碑

署理弥渡县知事陈（祯）为出示通告事案，据八士村初等小学教员邹邦孟，百长李廷勋……系合村等禀称：

弥祉太极山老树参天，泉水四出，左有雾果箐，右有仓房箐，中有烧香箐，其水泽灌溉全密，其余注溢弥渡，千家万户性命，千万亩良田其利溥矣！

近者无知，顽民砍大树付之一炬，各为滚火，种些苦荞收一季后，荞不能于此处再种。树不能复生，因此深林化为荒山，龙潭变为焦土。水汽因此渐小，栽插倍觉艰难。所以数年来雨衍泽期，泉水枯竭，庄稼欠收。砍柴滚火以伐树林为甚巨也。又村后大塘子，灌着干田五百余亩，秋冬蓄水之时，滥挖滥放，栽插之际，成一干塘，为害非小。

因之并具禀呈明析，祈出示通告，永远勒石。凡太极顶山下，雾果箐至烧香箐、仓房箐一带地方不得滥砍滚火。大沟上下之树不得滥砍。大塘子之水，非栽插之时不得滥挖，如有违者，公议罚禀，伏祈允准，永远勒石遵行等情。据此除照准外，合行出示通告，为此仰该处居民等知悉。嗣后林木泉水均宜分别灌蓄，藉资灌溉而重森林，倘仍蹈前辙，乱砍滥挖者，即由该村董，百长，五十长等集众议罚，以示惩儆。但不得藉有此示，借故苛敛，致干并究。其各遵照勿违。特示，右仰周知。

民国二年岁次癸丑五月二十三日

【题解】此碑现存密祉乡八士村寺中。

重修天渡桥碑记

弥邑介群山万壑之中，溪涧纷出，毗雄江直贯南北，自红岩迄苴力，徒杠舆梁，节匕相通，若彩云，若永渡、若天舟、登鳌、锁云皆为东西交通枢纽，而天渡一桥，建筑高爽，规模雄壮，尤极一川之盛。盖是桥临近城治，东达省垣，西接顺云，为昔日缅人入贡要道，车辙马迹，骈阗殷繁。

前清同治间，邦人士以水势浩荡，旧址难容，增其制而修之，为石闸五，上铺巨木，建以栋宇，画栏雕楹，备级华丽。每当风日晴和，游春避暑者登临于斯，莫不心旷神怡，而有快哉之感。

然时过境迁，金石易化，风漂雨淋，蹄击壳摩，曾几何时，而栋朽轩崩，已无复飞云卷雨之观矣。

民国甲子秋，余以菲才，承乏兹邑，适当匪势狷厥之后，城楼雕堡，营缮维殷，又益以水涝偏灾，伏庭攀辕相告昏垫者，日不下数十起，宵旰焦劳越四月，始稍就绪，而是桥之修葺又不容或已，幸而邦人士热心公益，颇资臂助，乃酌提河道余款百圆，择其勤劳凤著者，募资集财，以涂以竖以绳以削，凡诸橼栏榱桷之腐折者，盖瓦踏板之缺陷者，彩色杂污之不鲜明者，作而新之，无忝前人，无废后观。

既讫功，敦事者咸相告曰，是不可不记。

余思，夫桥梁为交通关键，弥邑自水患，震灾后，永渡全毁，登鳌半衔，下游之锁三亦够圮绝渡，皆为余心意中所急欲为修缮者也。第土木工程，非旦夕所能猝，辨是所望于邦人士之热心者，故并记之。

署理弥渡县知事王家修　谨撰

一等金质章、广东荐任县知事彭祜敬书

监修邵殷，杨暹监刊

【题解】此碑立于民国十四年（1915年），现存县图书馆。

栗树营水库碑记

栗树营水库始建于1957年冬，重建于1970年10月，竣工于1987年10月。

水库位于东经100°29′，北纬25°15′，海拔1720米，西靠天目山，南邻太极顶，东出毗雄河，地形良好，水源充沛。集雨面积93.5平方公里，年均

径流量 2300 万立方米，档河大坝高 51.3 米，均长 12.27 米，总库容 1773.6 万立方米，正常蓄水 1760.73 万立方米，年调剂利用水量 1824 万立方米。启闭塔高 49.7 米，输水道长 489.7 米，过水能力 24 立方米／秒，溢洪道长 515.5 米，最大出流 74.5 立方米／秒。南干渠长 21.512 公里，过水能力 2.5 立方米／秒。北干渠长 16.88 公里，过水能力 3 立方米／秒。灌溉道上的重要建筑物有隧道 4 件，长 474 米，倒虹吸 3 件，长 529 米，渡槽 40 件，长 1054 米。主要灌区是新街、太花、寅街和苴力四乡，共 14611 户，77360 人，受益农田 29300 亩，防洪效益 10000 亩，养鱼水面 950 亩，年增产粮食近 1000 万斤。截至 1987 年 10 月国家总投资 1373.976 万元，总投劳 853.383 万个，属中型工程，规模雄伟，效益显著。

纵观建库过程，是灌区人民和工程技术人员在党和政府的领导下，艰苦创业的光荣历程。1957 年冬，在党的大兴水利，造福于人民的方针指引下，灌区上马万人，用工百万，苦战 3 年，筑坝高 15 米，蓄水 120 万立方米，灌溉农田 2000 亩。后因地质不清、弊大于利而停建。1961 年至 1969 年，经省、州地质部门认真勘测、科学论证后，于 1970 年 10 月再次上马，后移坝轴 300 米重建，1975 年被列为省基建项目。重建的水库工程，坚持民办公助原则，发扬艰苦创业的精神，采取工分加补贴，按定额计酬到人，按投劳分水到队等措施，调动了建库民工的积极性和创造性。在地质复杂、风险较大的情况下，1974 年打通隧道，1975 年完成坝基截水处理，1977 年完成大坝合拢和启闭塔工程，1979 年修通总干渠和北干渠，1982 年完成大坝及芦通菁渡槽，1983 年完成溢洪道主体工程，1984 年修通南干渠及苴力倒虹吸，1985 年大坝扫尾，1987 年结束帷幕灌浆，告成大功，历时 17 年，基本改变了昔日灌区三年两旱，洪涝频繁的面貌，换来了泉水的甘甜、稻麦的芳香、人民的富裕和经济的发展。看今朝：大坝雄峙碧水连山，莫道栗水不起浪，吞洪吐泉赛敖广！

水库的建成，给灌区人民带来了生机和希望，为振兴弥渡经济，造福子孙后代奠定了坚实的根基。饮水思源，我们不能忘记那些迎风沙，顶烈日，抗暴雨，踏冰霜，为水库工程竭尽全力的水利民工、机关干部、工人、学生和解放军指战员，更不能忘记那些为建库而光荣献身的人们！

栗树营水库造福当代，惠及子孙，伟业千古！

建库献身者，流芳百世，与世常存！

中共弥渡县委会

弥渡县人民政府

1988 年 9 月 20 日立

参考文献

[1]　庄诚，王利宾．（万历）赵州志．

[2]　杨慎．滇载记．明嘉靖二十二年刻本．

[3]　陈钊镗，程近仁．（道光）赵州志．

[4]　师范．滇系．昆明：云南通志局，1808.

[5]　师范．师荔扉先生诗集．民国十一年（1922年）刻本．

[6]　弥渡县志编纂委员会编．弥渡县志．成都：四川辞书出版社，1993.

[7]　方国瑜．云南史料丛刊．昆明：云南大学出版社，2001.

[8]　方国瑜．方国瑜文集．昆明：云南教育出版社，2001.

[9]　徐嘉瑞．大理古代文化史．昆明：云南人民出版社，2005.

[10]　徐弘祖．徐霞客游记．褚绍唐，吴应寿校对．上海：上海古籍出版社，2007.

[11]　李元阳．李元阳集·散文卷．施立卓编校．昆明：云南大学出版社，2007.

[12]　李元阳．李元阳集·诗词卷．施立卓编校．昆明：云南大学出版社，2007.

[13]　张文勋．云南历代诗词选．昆明：云南人民出版社，2002.

[14]　赵浩如．古诗中的云南．昆明：云南人民出版社，1995.

[15]　刘光曙．大理文物考古．昆明：云南民族出版社，2006.

[16]　木芹．南诏野史会证．昆明：云南人民出版社，2009.

[17]　龙云，卢汉等．新纂云南通志，1949.

[18]　林超民．林超民文集．昆明：云南人民出版社，2010.

[19]　云南省文史研究馆．云南丛书．北京：中华书局，2009.

[20]　张昭．彩云乡里话古今：弥渡文史纵横谈．昆明：云南民族出版社．2007.

[21]　杨镜，杨光复．大理白族自治州志．昆明：云南人民出版社，1998.

[22]　林超民．白子国考．昆明：云南大学出版社，2007.

[23]　李伟．小河淌水的地方．昆明：云南民族出版社，2004.

[24]　张国庆．云南古代诗文论著辑要．北京：中华书局，2001.

[25]　李一夫．大理市古碑存文录．昆明：云南民族出版社，1996.

[26]　木霁弘．茶马古道上的民族文化．昆明：云南民族出版社，2003.

[27]　宋文熙，张楠．历代诗人咏大理．昆明：云南人民出版社，1990.

[28]　段跃庆．怒江读本．昆明：云南人民出版社，2010.

[29]　刘明，何金平．梦回大理．昆明：云南大学出版社，2009.

[30]　刘平，李劲松．剑川读本．昆明：云南大学出版社，2010.

参考文献

后　记

　　当历史的尘埃落定，一切归于沉寂之时，唯有文化以一种物质的和非物质的形态留存下来。它不仅是一个地方及其民众自我认同的历史记忆，也是这个地方的人们得以存续并满怀自信走向未来的根基与动力。所以，挖掘整理并重现一个地方的乡土文化，显示一种文化自觉，让这种氛围中的人对本土文化充满珍爱与敬畏，在展现一种文化"乡愁"的同时增进一种文化认同，这在当今混乱的文化思潮的情景下，显得尤为重要，甚至可以说弥足珍贵。

　　然而，由于历史的原因，作为在20世纪遭遇不同程度破坏并受外来文化冲击的中国乡土文化，经历过各种喧嚣与骚动之后，站在21世纪的坐标上，要想回归与重构，产生文化认同与文化自信的张力，并不是件容易的事。这不仅需要大量文化人士付出努力，更重要的是还要有地方政府的积极参与。地方乡土文化的复归与建构，既是对今天市场化、全球化的一种回应，也是在地方政府的主导和支持下，有意识地对本土文化进行开发和弘扬。可喜的是，现今许多地方都意识到了要去重构一种全球化语境下的地方性知识的重要性，并为此作了种种尝试与努力。弥渡，就是其中之一。

　　弥渡有着悠久的历史传统和浓郁的民族文化。今天"云南"之名，和弥渡有着千丝万缕的联系。白崖古城的遗址，说明在两汉时期弥渡是今天滇西地区的权力中心所在。曾经在很长的一段时间内，弥渡都是"滇西粮仓"。南诏、大理国无数次的征战，军粮往往也从这里出发。悠悠历史，漫漫沧桑，沉淀给今天弥渡的，除了一种特有的弥渡气质与精神外，还有那条即将成为国家文化保护单位的文盛古街。今天，我们触摸古街上那些红漆早已剥落的门窗，甚至可以感受到一种岁月的温度，一种吆喝叫卖的喧嚣，一种车水马龙的繁华与热闹。更值得大书特书的是，弥渡历史上的人物实在不少，就以谷际岐、师范、李彪三人来说，他们分别诠释了文人的三种境界：做大官有大官的责任，做小吏有小吏的义务，做布衣也有布衣的担当。这种精神，至今仍弥漫在弥渡人的心间。

　　"灯从唐王起，戏从唐朝来。"这是弥渡花灯的历史渊源。"十个弥渡人，九个会唱灯。"几乎在弥渡的各个角落，都有花灯的身影。每年正月十五的传统密祉灯会，盛况空前，万人空巷，历久不衰。2008 年，弥渡花灯已被列入国家级非物质文化遗产名录。同时被列入的还有弥渡民歌。经过弥渡绵长历史的沉淀，灵山圣水的浸润，悠悠茶马古道文化的升华，弥渡民歌形成了她独特的风格与品质。那一首被誉为"东方小夜曲"的《小河淌水》，在中国可以说家喻户晓，是至今为止唯一一首被美国音乐学院编入音乐教材的中国民歌。2008 年北京奥运会闭幕式上，歌曲《今夜月明》就有《小河淌水》的旋律。

　　……

　　于是，出版这本《弥渡读本》。它从历史、山水、人文、风物等方面，集中展现了弥渡的悠久历史与山川名胜，荟萃了深厚的人文风物以及浓郁的民族风情，以图文并茂的形式，淋漓尽致地呈现出她深厚的文化底蕴。我们的希望仍是用自己的眼光和思想，去认识我们脚下的这片土地；用自己的语言，真实而真诚地描写我们自己。我们不知道这本书能产生多大的影响，但不管怎样，这是我们重构弥渡地方乡土文化，主张弥渡文化权利的一种尝试与努力。

编　者

2011 年 10 月 20 日

后记

图书在版编目（CIP）数据

弥渡读本 / 邹子卿，沙伟风主编. —昆明：云南
大学出版社，2011
（云南乡土文化读本系列）
ISBN 978-7-5482-0480-0

Ⅰ.①弥… Ⅱ.①邹… ②沙… Ⅲ.①弥渡县—概况
Ⅳ.①K927.44

中国版本图书馆CIP数据核字（2011）第105385号

主 编 邹子卿 沙伟风

责任编辑：刘 焰
装帧设计：钏祚伟 李 蕾
出版发行：云南大学出版社
印 装：昆明卓林包装印务有限公司
开 本：787mm×1092mm 1/16
印 张：13.875
字 数：261千
版 次：2011年12月第1版
印 次：2011年12月第1次印刷
书 号：ISBN 978-7-5482-0480-0
定 价：50.00元

地址：云南省昆明市翠湖北路2号云南大学英华园内
电话：0871-5033244 网址：http://www.ynup.com
邮编：650091 E-mail：market@ynup.com